Werner Renz
ad Hannah Arendt
Eichmann in Jerusalem

EVROPA

Werner Renz

ad Hannah Arendt
Eichmann in Jerusalem

Die Kontroverse um den Bericht »von der Banalität des Bösen«

Europäische Verlagsanstalt

Bibliografische Information der Deutschen Nationalbibliothek
Die Deutsche Nationalbibliothek verzeichnet diese Publikation in der Deutschen Nationalbibliografie; detaillierte bibliografische Daten sind im Internet über http://dnb.d-nb.de abrufbar.

Umschlaggestaltung und Satz: Christian Wöhrl, Hoisdorf
Signet: Dorothee Wallner nach Caspar Neher »Europa« (1945)

Printed in Germany

ISBN 978-3-86393-125-4

Auch als E-Book erhältlich, ISBN 978-3-86393-584-9

Informationen zu unserem Verlagsprogramm
finden Sie im Internet unter
www.europaeischeverlagsanstalt.de

Inhalt

»Ein Prozess ist nicht dazu da,
Geschichte zu machen,
sondern Recht zu sprechen.«[1]

Adolf Eichmann vor Gericht war für Hannah Arendt Gelegenheit und Herausforderung zugleich, die Reichweite ihrer Urteilskraft zu ermessen. »[P]olitisch denken und historisch sehen«[2] hatte die Schülerin von Martin Heidegger und Karl Jaspers im bereits Mitte 1933 beginnenden Exil in Frankreich gelernt. Aus Deutschland musste Arendt fliehen, nachdem die Berliner Gestapo sie vorübergehend verhaftet hatte. Ins Visier der Geheimen Staatspolizei war sie geraten, weil sie im Auftrag der Zionistischen Vereinigung für Deutschland in der Preußischen Staatsbibliothek zu Berlin eine »Sammlung aller antisemitischen Äußerungen auf unterer Ebene« anlegen wollte.[3]

Von Auschwitz, vom Mord an den europäischen Juden, erfuhr sie zehn Jahre später in New York.[4] 1941 war ihr zusammen mit ihrem Mann Heinrich Blücher die Flucht nach Amerika gelungen. Als bei der staatenlosen Exilantin die Erkenntnis reifte, dass geschehen war, was nicht hätte geschehen dürfen, so Arendt[5] bereits 1948, stellte sie sich die Aufgabe, das präzedenzlose Ereignis zu verstehen. Das Unbegreifliche denkend zu durchdringen war eine existenzielle Herausforderung, denn es galt einen Zustand zu überwinden, den sie in einem Brief an Kurt Blumenfeld, bis 1933 Präsident der Zionistischen Vereinigung für Deutschland, ergreifend beschrieb. Arendt meinte, sie könne sich nicht ausdrücken, »weil mir meist das Herz zu schwer ist und mir zu mies ist vor tout le monde. Sieh mal, es ist einfach so, daß ich über die Vernichtungsfabriken nicht wegkommen kann, und zwar in jener Region des brutal Tatsächlichen, in welcher diese neueste Fabrikationsart noch nicht einmal mehr etwas mit Juden zu tun hat oder mit Deutschen.«[6]

Arendts unbedingtes »Bedürfnis zu verstehen«, sich dem welthistorischen Ereignis denkend auszusetzen, den Zustand der Sprachlosigkeit zu überwinden, zeitigte das Totalitarismus-Buch von 1951.[7] Der fortwährende Drang zum »Verstehenmüssen«[8] führte sie eine Dekade später zum Prozess gegen Adolf Eichmann nach Jerusalem.

Arendts Grundüberzeugungen

Will man Arendt und ihr 1963 erschienenes, viel diskutiertes und umstrittenes Buch über den Eichmann-Prozess[1] zutreffend bewerten, muss man sich vor Augen führen, mit welchen Grundüberzeugungen sie zur Prozessbeobachtung fuhr. Ihre wiederholt gebrauchte Rede vom Geschehen, das nicht sich hätte ereignen dürfen, erläuterte sie mit einem Hinweis auf Immanuel Kant. Der Königsberger Philosoph meinte, in einem Krieg solle kein Staat sich Feindseligkeiten erlauben, die »das wechselseitige Zutrauen im künftigen Frieden unmöglich machen müssen«.[2] Mit ihrem Rückgriff auf Kant verdeutlichte Arendt, dass das deutsche Verbrechen an der Menschheit, das sie in Ermangelung eines besseren Begriffs mit Al Carthill »›Verwaltungsmassenmord‹«[3] nannte, in Dimension und Totalität ein beispielloses Ereignis darstellte, das aus keiner Tradition zu erklären war.

Für Arendt hatte sich in »Auschwitz [...] der Boden der Tatsachen in einen Abgrund verwandelt, in den jeder hineingezogen werden wird, der nachträglich versucht, sich auf ihn zu stellen.«[4] Anders gesagt: Es gab nach Auschwitz für Arendt keinen Denkstandort mehr in der Welt. Alle Tradition, die in der Vergangenheit Orientierung ermöglicht hatte, war an Auschwitz zuschanden geworden.

Das angesichts von Auschwitz empfundene sprachlose »Entsetzen« galt »nicht dem Neuen schlechthin, sondern der Tatsache, daß dies Neue den Kontinuitätszusammenhang unserer Geschichte und die Begriffe und Kategorien unseres Denkens sprengt. Wenn wir sagen: *Dies hätte nicht geschehen dürfen,* so meinen wir, daß wir dieser Ereignisse mit den großen und durch große Traditionen geheiligten Mitteln unserer Vergangenheit weder im politischen Handeln noch im geschichtlich-politischen Denken Herr werden können.«[5] Und weiter: »In diesem Strudel haben schließlich die totalitären Bewegungen mittels einer höchst ingeniösen Verbindung von Terror und Ideologie eine neue Staats- und Herrschaftsform herauskristallisiert. Erst die totalitäre Herrschaft als ein Ereignis, das in seiner Beispiellosigkeit mit den überkommenen Kategorien politischen Denkens nicht begriffen, dessen ›Verbrechen‹ mit den traditionellen Maßstäben nicht beurteilt und mit Hilfe bestehender Gesetze nicht adäquat gerichtet und bestraft werden können, hat die in der Überlieferung so lange gesicherte Kontinuität abendländischer Geschichte wirklich durchbrochen.«[6]

Hitler und seine Mittäter und Gehilfen (ebenso wie Stalin) hatten nach Arendts Verständnis Verbrechen begangen, die weit mehr als nur eine Geschichtszäsur darstellten. »Die Gaskammern des Dritten Reiches und die Konzentrationslager der Sowjet-Union (die in Wahrheit ebenfalls Vernichtungslager sind, wenngleich mit anderen Methoden) haben die Kontinuität abendländischer Geschichte unterbrochen, weil niemand im Ernst die Verantwortung für sie übernehmen kann und man niemanden im Ernst für sie verantwortlich machen kann. Zugleich bedrohen sie jene Solidarität von Menschen untereinander, welche die Voraussetzung dafür ist, daß wir es überhaupt wagen können, die Handlungen anderer zu beurteilen und abzuurteilen.«[7] Arendt sah den Internationalen Militärgerichtshof in Nürnberg 1945/46 und fünfzehn Jahre später auch das Jerusalemer Bezirksgericht mit dieser Aporie konfrontiert.

Ein Prozess gegen einen deutschen Menschheitsverbrecher war für Arendt eine geistige Herausforderung. Ihr Interesse galt der Person Eichmann und ihrer von Arendt vehement behaupteten persönlichen Verantwortung für ihre im totalitären Staat verübten Taten[8] sowie der juristischen und moralischen Frage, wie in einem rechtsstaatlichen Verfahren einem der Exekutoren der ihrer Ansicht nach gar nicht mehr justiziablen »Endlösung der Judenfrage« gleichwohl Recht und Gerechtigkeit widerfahren könne. Nicht justiziabel war für Arendt das präzedenzlose Menschheitsverbrechen, weil es weder ein positives Gesetz noch eine gesetzliche Strafe gab, die ihm angemessen gewesen wären (EJ, S. 323).[9] Dennoch galt es, die Verbrecher persönlich zur Rechenschaft zu ziehen, sie wegen ihrer individuellen Schuld nicht straflos zu lassen. Arendt sah das Rechtsproblem mithin in der Tatsache, dass kein angemessenes gesetzliches, das heißt bereits kodifiziertes, gesetztes Recht vorhanden war und dennoch in einem fairen Prozess rechtsschöpferisch gerechtes Recht über einen Angeklagten gesprochen werden musste. Die Rechtfertigung für das Strafverfahren sah sie allein in der unabdingbaren Verpflichtung, Eichmann nach Recht und Gerechtigkeit zu richten. Ihre Erwartungen hinsichtlich richterlicher Rechtsschöpfung wurden in Jerusalem freilich enttäuscht.

In einem Brief an Leni Yahil machte Arendt ihre Sicht auf die überaus schwierigen, von ihr selbst nicht beantwortbaren Rechtsfragen, klar. So meinte sie, in einem Fall wie Eichmann müssten »selbst Juristen einsehen«, »dass man mitunter Recht sprechen muss ohne eine Gesetzesvorlage zu haben«.[10] Die Lage war für die Richter Arendt zufolge »peinlich, aber [...] schon darum nicht zu vermeiden, weil dies ja die einzige wirkliche Rechtfertigung des Kidnapping war«. Neben der paradoxen Situation, Recht ohne angemessenes positives Gesetz und ohne Präzedenzfälle sprechen zu müssen, kam für Arendt noch »die Unzulänglichkeit« des »Nazis and Nazi Collaborators (Punishment) Law« (1950) hinzu, das die Rechtsgrundlage des Prozesses darstellte (EJ, S. 321). Zutreffend stellte sie fest, der israelische Gesetzgeber habe zwei Jahre nach der Staatsgründung »ja offenbar nur mit Juden gerechnet, die den Nazis Dienste geleistet hatten«.[11]

In ihrem *Denktagebuch* sinniert Arendt 1952 über die Begründetheit des Rückwirkungsverbots. Das rechtsstaatliche Prinzip »Nullum crimen sine lege« geht von der Auffassung aus, der Tat, soll sie geahndet werden können, müsse ein Gesetz vorausgehen, das den zu subsumierenden Straftatbestand klar bestimmt. Doch Auschwitz, die neue Art von Verbrechen, geschah und musste nach Arendt im Namen der Gerechtigkeit und im Namen der Opfer judiziert werden, obgleich kein angemessenes Gesetz und keine adäquate Strafe existierten. Die Rede, es gebe kein Verbrechen ohne Gesetz hielt sie deshalb für wenig haltbar.[12] Gesetze mit rückwirkender Kraft betrachtete sie nicht als Problem (EJ, S. 303). Folglich verwarf sie das Verbot retroaktiver Gesetze angesichts des neuen Verbrechens.

Die Schwierigkeit lag für Arendt in der Bestimmung der Straftatbestände, in der angemessenen Darstellung der präzedenzlosen Verbrechen, die sie ein Verbrechen gegen die Menschheit, nicht gegen die Menschlichkeit nannte. Anders gesagt: Die Subsumierbarkeit von Auschwitz in Anbetracht von unzulänglichen Gesetzen stellte die Arendt interessierende Schwierigkeit dar, mit der sich ihrer Auffassung nach das Jerusalemer Gericht zu befassen hatte.

Für die bundesdeutsche Praxis, Sondernormen mit Blick auf das im Grundgesetz verankerte Verbot rückwirkender Strafgesetze[13] auszuschließen und die NS-Verbrechen nach dem geltenden deutschen Strafrecht zur Tatzeit (§ 211 Strafgesetzbuch von 1871 und 1941)[14] zu judizieren, hatte Arendt nur Unverständnis übrig. An Karl Jaspers schrieb sie: »In Deutschland, wo man kein Sondergesetz gemacht hat, tut man so, als ob das Strafgesetzbuch nicht allgemein für bestimmte Kategorien von Menschen aufgehoben war, an denen Mord entweder erlaubt oder sogar befohlen war.«[15] Eichmann vor einem Schwurgericht der Bundesrepublik Deutschland wäre für Arendt wohl ein uninteressanter Fall gewesen.

Mit Blick auf den Nürnberger Prozess gegen die sogenannten Hauptkriegsverbrecher meinte sie im Kontext von Jaspers Schrift[16] *Die Schuldfrage*: »Diese Verbrechen lassen sich, scheint mir, juristisch nicht mehr fassen, und das macht gerade ihre Ungeheuerlichkeit aus. Für diese Verbrechen gibt es keine angemessene Strafe mehr; Göring zu hängen, ist zwar notwendig, aber völlig inadäquat.«[17] In einer Buchbesprechung hatte sie gleichfalls 1946 dargelegt: »The Jewish people is indeed entitled to draw up this bill of indictment against the Germans, but provided it does not forget that in this case it speaks for all the peoples of the earth. It is as necessary to punish the guilty as it is to remember that there is no punishment that could fit their crimes.«[18]

Für Arendt war die totale Herrschaft eine *neue Staatsform*, die den »staatlich organisierte[n] Verwaltungsmassenmord« (EJ, S. 22), das »Verbrechen gegen die Menschheit, begangen am jüdischen Volk« (EJ, S. 30), in die Welt gebracht hatte. Dabei handelte es sich um eine *neue Art von Verbrechen* (EJ, S. 328), verübt von Menschen wie Adolf Eichmann, die einen *neuen Verbrechertypus* verkörperten.[19] In diesen Verbrechen und in seinen willigen Vollstreckern zeigte sich für Arendt ein ungelöstes philosophisches Problem, dessen Erörterung in ihrem Prozessbericht einer der Gründe für die Arendt-Kontroverse war. Philosophisch betrachtet war Arendt nach Auschwitz der Auffassung, dass »the problem of evil will be the fundamental question of post-war intellectual life in Europe«.[20] Vor Jerusalem ging sie von der in ihrem Totalitarismus-Buch ausgeführten Ansicht aus, dass es das »radikal Böse« gebe, dass es aber weder bestraft noch vergeben werden könne.[21] Das Verbrechen, das nicht hätte geschehen dürfen, das ganz und gar »Unmögliche«, war ihr vor Jerusalem identisch »mit dem unbestrafbaren, unverzeihlichen radikal Bösen, das man weder verstehen noch erklären kann durch die bösen Motive von Eigennutz, Habgier, Neid, Machtgier, Ressentiment, Feigheit oder was es sonst noch geben mag und demgegenüber daher alle menschlichen Reaktionen gleich machtlos sind; dies konnte kein Zorn rächen, keine Liebe ertragen, keine Freundschaft verzeihen, kein Gesetz bestrafen.«[22] Im *Denktagebuch* heißt es 1950: »Das radikal Böse ist das, was nicht hätte passieren dürfen, d.h. das, womit man sich nicht versöhnen kann, was man als Schickung unter keinen Umständen akzeptieren kann, und das, woran man auch nicht schweigend vorübergehen darf. Es ist das, wofür man die Verantwortung nicht übernehmen kann, weil seine Folgerungen unabsehbar sind und weil es unter diesen Folgerungen keine Strafe gibt, die adäquat wäre. Das heisst nicht, dass jedes Böse bestraft werden muss; aber es muss, soll man sich versöhnen oder von ihm abwenden können, bestrafbar sein.«[23]

Der unbestrafbaren Tat stand das legitime Gerechtigkeitsverlangen nicht nur der Opfer entgegen. Arendt wollte in Jerusalem einerseits eine exemplarische Figur wie Adolf Eichmann ergründen, sie wollte andererseits sehen, wie das Bezirksgericht »the difficulties of judging crimes committed by a sovereign state« bewältigt, wie die Richter »the uncertainties of ›political justice‹«[24] im Fall Eichmann meistern. Die neue Art von Verbrechen und der neue Verbrechertypus waren somit die besonderen Herausforderungen, die das Gericht, nach Arendt mit unzureichendem Instrumentarium ausgestattet, zu bewältigen hatte.

Einen klaren Begriff vom radikal Bösen hatte Arendt nach Auschwitz nicht bilden können. Ob es ontologisch oder anthropologisch zu deuten war, blieb in den 1950er Jahren offen.[25] Da sie aber nach Auschwitz viele Jahre lang »about the nature of evil«[26] nachgedacht hatte, wollte sie in Jerusalem, mit Eichmann konfrontiert, ihre Denkergebnisse auf den Prüfstand stellen. Über ihre für ihr Denken und ihr Leben so überaus folgenschwere Entscheidung, zur Prozessbeobachtung zu fahren, schrieb sie im Rückblick: »[...] the wish to expose myself – not to the deeds, which, after all, were well known, but to the evildoer himself – probably was the most powerful motive in my decision to go to Jerusalem«.[27]

Ebenso wichtig wie Arendts hier nur kurz skizzierten Grundannahmen ist die Entstehungsgeschichte des Eichmann-Buches. Sie lässt sich anhand ihrer Korrespondenz gut rekonstruieren. Die Genese des Prozessberichts erhellt auch seine Form und seinen Inhalt.

Arendts Versuchung

Gut einen Monat nach der Mitteilung von Premierminister David Ben Gurion in der Knesset Ende Mai 1960, Eichmann befinde sich in israelischem Gewahrsam[1] und werde vor Gericht gestellt, schrieb Arendt an ihre Freundin Mary McCarthy, sie »spiele so halb mit dem Gedanken«, als Berichterstatterin nach Jerusalem zu gehen, und sprach von der »Versuchung«, die sie empfinde.[2] Sie wandte sich an die Redaktion des auflagenstarken und finanzkräftigen Wochenmagazins *The New Yorker,* »eine in Amerika sehr angesehene Zeitschrift« (EJ, S. 12). In dem Hochglanzmagazin hatte sie bis dahin nicht publiziert.[3] Die Tatsache aber, dass der *New Yorker* gelegentlich fundierte, gut recherchierte Reportagen veröffentlicht hatte, brachte Arendt auf die Idee, der Redaktion zu schreiben. Eine Rolle spielte fraglos auch der Umstand, dass die Zeitschrift in der Lage war, Arendts Aufenthalt in Jerusalem zu finanzieren.

Die Leitung des *New Yorker* war mit Arendts Vorhaben einverstanden. McCarthy teilte sie mit: »Ich habe entschieden, daß ich beim Eichmann-Prozeß dabei sein möchte, und an den *New Yorker* geschrieben. (Nur drei Zeilen, nichts Ausgearbeitetes.)« Der Herausgeber William Shawn habe sie angerufen und »schien einverstanden, daß ich für sie fahre – mit der Vereinbarung, daß er, was immer ich vielleicht produziere, nicht drucken muß, daß sie aber meine Kosten übernehmen oder zumindest den größeren Teil davon. Das paßt mir gut.«[4] Im Brief an Kurt Blumenfeld heißt es im Oktober 1960: »Der New Yorker will es mit mir versuchen, d. h. mir meine Spesen zahlen, auch wenn sich herausstellen sollte, daß was ich schreibe für das Blatt doch nicht geeignet ist. Aber wir hoffen – nämlich New Yorker und ich –, es könnte klappen.«[5] Die in Kritiken wiederholt vorgebrachte Meinung, Arendt sei vom *New Yorker* beauftragt worden, ist mithin unzutreffend. Gänzlich abwegig ist auch die Behauptung, das Magazin habe Arendt Vorgaben bezüglich ihrer Schreibweise und der Darstellungsform des Reports gemacht.

Durchaus bewusst war Arendt, mit der beabsichtigten Prozessberichterstattung ein Wagnis einzugehen. Doch die wiederholt hervorgehobene »Versuchung«[6] war zu groß. Wie ambivalent sie ihrem Vorhaben gleichwohl gegenüberstand, geht aus ihrer Korrespondenz hervor: Einerseits graute ihr »vor der ganzen Sache«[7], andererseits schrieb sie von der recht frivol anmutenden Absicht, sich »auf dem Eichmann-Prozess zu ›amuesieren‹«.[8] Auch gestand sie ein, »absolut – und vielleicht wie vom Teufel geritten – zum Eichmannprozess nach Israel«[9] zu wollen. Nürnberg, den Prozess gegen die sogenannten Hauptkriegsverbrecher, und die zwölf Nachfolgeverfahren vor amerikanischen Militärgerichten (1946/49) hatte sie bedauerlicherweise verpasst. Sie hatte »diese Leute nie leibhaftig gesehen«.[10] Dezember 1960 schrieb sie an Jaspers, sie wolle Eichmann, dieses »Unheil in seiner ganzen unheimlichen Nichtigkeit in der Realität [...] besehen«, denn sie würde es sich »nie verziehen haben, nicht zu fahren«.[11]

Auf die Fragen eines Journalisten nannte Arendt im Rückblick (September 1963) einige Gründe für ihre Reise nach Jerusalem. Sie habe unbedingt »one of the chief culprits with my own eyes as he appeared in the flesh«[12] sehen wollen. Arendt interessierte der Fall Eichmann, weil es in einem Gerichtsverfahren um den Angeklagten als Person und ihre individuelle Schuld und Verantwortung gehen musste. In Arendts Antwort heißt es weiter: »It is the great advantage of court procedure that it inevitably confronts you with the person and personal guilt, with individual motivation and decisions, with particulars, which in another context, the context of theory, are not relevant.« Und: »In other words, I wanted to know: Who was Eichmann? What were his deeds, not insofar as his crimes were part and parcel of the Nazi system, but insofar as he was a free agent?«[13]

In einem Mitte 1963 geschriebenen Brief meinte sie: »Warum ich dieses Buch geschrieben habe[,] ist schwer zu beantworten. Ich wollte mir einen der Hauptbeteiligten ganz aus der Nähe begucken; hatte aber auch das Gefühl, dass ich bei diesem Prozess, gerade weil er von Juden gemacht wurde und ich ja schliesslich Jüdin bin, unbedingt dabei sein musste.«[14]

Der Jerusalemer Prozess bot Arendt die Möglichkeit, das nach 1945 Versäumte nachzuholen. Zudem glaubte sie noch im Jahr 1960 in dem Angeklagten eine wichtige, eine entscheidende Figur des NS-Vernichtungsapparats auf der Anklagebank beobachten und erleben zu können.[15] So schrieb sie: »When I decided to go to Jerusalem, I myself had been under the impression that he had been much more important than he actually was.«[16] In ihrer Besprechung des Buches von Léon Poliakov hatte sie in Übereinstimmung mit dem Autor 1952 dargelegt, Eichmann sei »the organizer of the deportations of Jews from all parts of Europe«[17] gewesen. Entsprechend enttäuscht war sie daher gewesen, als sie einem verschnupften, recht unscheinbaren Angeklagten im Glaskasten begegnete. Im Gespräch mit Joachim Fest spricht sie sogar davon, sie sei ob der so wenig außergewöhnlichen Erscheinung Eichmanns »sehr schockiert«[18] gewesen.

Eine Prozessreporterin im herkömmlichen Sinne, mit deskriptiven Darstellungen der einzelnen Verhandlungstage, wollte und konnte Arendt natürlich nicht sein. Dennoch betonte sie, einzig als »bescheidener Berichterstatter«[19] fungieren zu wollen. Von vornherein war klar, dass sie in Jerusalem nicht schreiben[20] und ihr Aufenthalt höchstens drei[21] bis vier Wochen[22] dauern werde, gleichviel wie lange sich der Prozess hinziehen würde. Auch der Umfang ihres Prozessberichts war vollkommen offen. In einem Brief an Jaspers vom Februar 1961 hob sie nochmals ihre vom Magazin eingeräumten Freiheiten hervor: »Ich habe« seitens der Redaktion des *New Yorker* »ausgezeichnete Bedingungen, kann schreiben so viel oder so wenig wie ich will, und vor allem kann abliefern, wann immer ich fertig bin«.[23]

Der väterliche Lehrer und Freund bewies ein gutes Gespür, als er warnend meinte, der Prozess werde Arendt »keine Freude machen«. Das Jerusalemer Verfahren könne »eigentlich gar nicht gut gehen« und er fürchte ihre Kritik. Weitsichtig und zugleich vergeblich riet der in Basel lebende Philosoph der streitbaren Autorin, sie solle ihre wohl unvermeidliche Prozess-Kritik »möglichst weitgehend für sich behalten«.[24] Mit seinen »Bedenken«[25] sollte Jaspers Recht behalten.[26]

Zur Entstehungsgeschichte ihres Buches ist gleichfalls wichtig, dass Arendt über den Umfang ihrer Berichterstattung selbst keine klaren Vorstellungen hatte. Dass aus dem Report für das Wochenmagazin fünf umfangreiche Artikel (Februar/März 1963 erschienen)[27] und sodann ein Buch (Mai 1963) werden würden, hatte sie zu Beginn ihrer Arbeit mit den umfangreichen Materialen im Frühsommer 1962 nicht im Sinn. An Dolf Sternberger schrieb sie, »das Ganze« werde nach der Erstveröffentlichung im *New Yorker* »bei Piper als Broschüre erscheinen«.[28] Am Anfang ihres Studiums der Prozessunterlagen meinte sie gegenüber McCarthy: »Ich bin mitten im Eichmann und ziemlich verzweifelt, weil ich es nicht so kurz machen kann, wie ich wollte. Ich schwimme in enormen Materialmengen, versuche immer, das aussagekräftigste Zitat zu finden, und werde eine zweite Fassung schreiben müssen (was ich normalerweise hasse, aber wegen zu vieler Dokumente geht es nicht anders). Wahrscheinlich wird der ganze Sommer draufgehen, um wirklich fertig zu werden, aber *au fond* bin ich darüber nicht unglücklich. Im Gegenteil, irgendwie macht mir der Umgang mit Tatsachen und konkreten Dingen Spaß.«[29] Im Verlauf der Arbeit teilte sie kurze Zeit später aber mit, es werde »doch ein Buch«[30] werden. Wie immer selbstironisch merkte sie im August 1962 an, sie widme sich »eifrigst dem Eichmann-Prozess, der ein Buch« werde und ihr »trotz allem Spass« mache.[31] Auch im Brief an Jaspers heißt es, sie könne nicht leugnen, dass »die Eichmanngeschichte« ihr Spaß bereite.[32]

Mitte September 1962 war Arendt bis auf den Epilog fertig. Sie hatte nunmehr das Buch im Auge, denn sie wusste nicht, wie umfangreich der Vorabdruck im *New Yorker* ausfallen werde. Durchaus zu ihrer Überraschung war die Redaktion bereit, nahezu den gesamten Text zu veröffentlichen. An Jaspers heißt es: »Es ist ein Buch geworden, aber der ›New Yorker‹, der ganz außergewöhnlich begeistert ist, will versuchen, das Ganze zu drucken – was wegen Geld sehr angenehm wäre.«[33] Ende Oktober 1962 hatte sich die Sache endgültig geklärt: »Der Eichmann-Artikel ist auch ein Buch geworden, und zur Verwunderung aller wurde er fast in ganzer Länge von *The New Yorker* angenommen.«[34]

Arendts Israelperspektive

Arendt reiste mit allerhand israelkritischen Auffassungen nach Jerusalem. Als Gegnerin des Teilungsplans, als Fürsprecherin einer jüdisch-arabischen (palästinensischen) Verständigung war die einstige Zionistin eine Kritikerin der Staatsgründung von 1948 und somit des Ben-Gurion-Staats. Die Schaffung eines jüdischen Nationalstaats inmitten von feindlichen Nachbarn erachtete sie als ein politisch höchst gefährliches, gar selbstmörderisches Unterfangen. Die »Vernunftzionistin«[1] betrachtete aber das Recht der Juden auf eine Heimstätte in Palästina sowie nach dem Holocaust die Einwanderung der in Lagern (Camps für sogenannte *Displaced Persons*) festgehaltenen Überlebenden in das britische Mandatsgebiet als gerechtfertigte historische Notwendigkeit. Den 1948 mit dem Segen der Vereinten Nationen gegründeten, auf externe Hilfe und Unterstützung angewiesenen Staat hielt sie jedoch für einen nationalistischen Irrweg, der keine friedliche Zukunft versprach.

Bereits im März 1945 schrieb Arendt nicht ohne Prophetie im New Yorker *Aufbau:* »Ein Jüdisches Nationalheim, das von dem Nachbarvolk nicht anerkannt und nicht respektiert wird, ist kein Heim, sondern eine Illusion – bis es zu einem Schlachtfeld wird.«[2] Arendt war keineswegs eine kompromisslose Antizionistin. Der Weg, den sie zusammen mit Martin Buber und Judah Leon Magnes präferierte, darf angesichts der desolaten Situation im Nahen Osten heute noch als die einzig friedliche, nicht repressive, auf Ausgleich und Partnerschaft setzende, wenn auch utopische Notwendigkeit gelten.[3]

Neben ihren Bedenken angesichts der ungeklärten Rechtsfragen hatte Arendt erhebliche politische Besorgnisse. Sie resultierten aus ihrer zionismuskritischen Haltung und ihren Einwänden gegen die nationalistischen Bestrebungen der Jerusalemer Regierung. So meinte sie Monate vor Prozessbeginn: »Nehmen wir an, der Prozeß wird tadellos geführt. Dann habe ich die Befürchtung, daß Eichmann erstens beweisen kann, daß kein Land Juden wollte (also die Art von zionistischer Propaganda, die Ben Gurion will und die ich für ein Unheil halte) und zweitens demonstrieren wird, in welchem ungeheuerlichen Ausmaß die Juden mitgeholfen haben, ihren Untergang zu organisieren. Dies ist zwar die nackte Wahrheit, aber diese Wahrheit, wenn sie nicht wirklich erklärt wird, könnte mehr Antisemitismus erregen als zehn Menschenraube. Es ist leider eine Tatsache, daß Herr Eichmann persönlich keinem Juden ein Haar gekrümmt hat, ja daß sogar die Auslese derer, die verschickt wurden, nicht von ihm oder seinen Helfershelfern besorgt worden ist.«[4]

Die zuerst genannte, historisch verbürgte Tatsache war Arendt eigentümlicherweise keine nackte Wahrheit, die die Staatengemeinschaft zu ihrer Beschämung und die Weltöffentlichkeit unbedingt zu wissen hatten. Die andere, durchaus strittige hingegen ein offenbar feststehender, wenn auch noch zu erklärender Sachverhalt.

Unschwer erkennbar ist, welche Spuren Raul Hilbergs unveröffentlichte Arbeit[5] über die Vernichtung der europäischen Juden neben León Poliakovs Werk *Bréviaire de la Haine*[6] und H. G. Adlers Theresienstadt-Buch[7] in ihrer Darstellung hinterlassen hatten. Überzeugende Beweise blieb sie freilich, wie noch zu zeigen ist, für nicht wenige von ihr behauptete Tatsachen schuldig. Arendts Denken »ohne Geländer«[8] war mitunter recht freihändig und setzte ihr Werk erwartbarerweise der Kritik aus.[9]

Der Prozess: Rechtsgrundlagen

Die im Dezember 1948 von den Vereinten Nationen beschlossene Konvention über die Verhütung und Bestrafung von Völkermord hatte Israel 1949 ratifiziert und sich verpflichtet, die Strafnorm in die nationale Gesetzgebung aufzunehmen. Im März 1950 verabschiedete die Knesset das entsprechende Gesetz.[1] Doch für den jungen Staat gab es noch ein innenpolitisches Problem, das gesetzgeberisch zu lösen war. Holocaust-Überlebende hatten gegen ehemalige Funktionshäftlinge und Ghettopolizisten Anzeige erstattet. Ihr Vorwurf war, die Beschuldigten hätten als Handlanger, als Kollaborateure der SS Verbrechen an Juden begangen.

Das geltende Strafrecht Israels bot keine Handhabe, diese vor dem Ende des Zweiten Weltkriegs im besetzten Europa verübten Taten zu ahnden. Um inneren Frieden herstellen zu können, erließ die israelische Legislative im August 1950 das »Gesetz zur Bestrafung von Nazis und Nazikollaborateuren« (»Nazis and Nazi Collaborators (Punishment) Law«).[2] Das retroaktive und exterritoriale Gesetz führt neben *Crimes against the Jewish People, Crimes against Humanity, War Crimes und Membership in Enemy Organization* auch Straftatbestände des geltenden israelischen Strafgesetzbuches auf. Die Besonderheit des Gesetzes war, dass die Strafnormen auf Handlungen Anwendung fanden, die während der Naziherrschaft im feindlichen Ausland (»enemy country«) an einem

Verfolgten (»persecuted person«) in einem Lager oder Ghetto (»place of confinement«) begangen worden waren.

Mit dem Gesetz ließen sich rückwirkend die Verbrechen ahnden, die nunmehrige israelische Bürger im »Dritten Reich« und in den besetzten Ländern in der Zeit von 1933 bis 1945 verübt hatten.[3] Somit stellte das Gesetz »eher eine innerisraelische Angelegenheit dar denn eine zwischen den überlebenden Opfern des Holocaust und dem Staat, der sie repräsentierte, auf der einen Seite und denjenigen, die den Holocaust zu verantworten hatten, den Nationalsozialisten und dem Dritten Reich, auf der anderen Seite«.[4]

Vor dem Eichmann-Prozess gab es in Israel sogenannte Kapo-Prozesse. Vormalige Funktionshäftlinge, der Kollaboration mit der SS beschuldigt, mussten sich verantworten.[5] Meist fielen die Strafen milde aus. Einige Angeklagte wurden freigesprochen. In einem Fall erkannte das Gericht auf die Höchststrafe.[6] Der Oberste Gerichtshof gab jedoch der Berufung statt, sah den Tatbestand des Verbrechens gegen die Menschheit nicht erfüllt, kassierte die Todesstrafe und milderte sie auf zwei Jahre Gefängnis.[7]

Die materiellen Rechtsgrundlagen für den zu führenden Prozess waren 1961 mithin gegeben. Einige Probleme des Verfahrensrechts, die der bevorstehende Strafprozess aufwarf, löste der Gesetzgeber recht unkonventionell.

»Lex Servatius«
Nach dem geltenden Recht konnte nur ein Rechtsanwalt, der israelischer Staatsbürger war, vor einem israelischen Gericht einen Mandanten vertreten. Israelische Anwälte erklärten sich bereit, Eichmann zu verteidigen. Die Regierung verwarf jedoch aus vielfältigen Gründen diese Option. Kein Israeli sollte Eichmanns Rechtsbeistand sein können.[8]

Ein neu geschaffenes Gesetz ermöglichte einem ausländischen Anwalt vor einem israelischen Gericht als Verteidiger zu fungieren. Eichmanns Familie fand in Robert Servatius (1894–1983) einen Anwalt ihres Vertrauens. Der Untersuchungshäftling akzeptierte den Kölner Juristen. Unklar blieb zunächst die Bezahlung. Bonn weigerte sich, die Anwaltskosten zu tragen. Israel sah sich gezwungen, für das Honorar aufzukommen.

»Lex Halevi«
Gemäß dem geltenden Gerichtsgesetz war es das Recht eines Bezirksgerichtspräsidenten, für seinen Zuständigkeitsbereich die Zusammensetzung eines Gerichts zu bestimmen. Der Fall Eichmann sollte in Jerusalem verhandelt werden. Präsident des dortigen Bezirksgerichts war Benjamin Halevi (1910–1996). Er erklärte seine Absicht, sich selbst zu benennen, mithin den Vorsitz im Eichmann-Prozess übernehmen zu wollen. Gegen den Richter gab es aber juristische Bedenken.[9] Auch politische Einwände spielten eine gewichtige Rolle.

Halevi hatte 1954 im Verfahren *Attorney General vs. Malkiel Gruenwald* den Prozess als alleiniger Richter geführt. In dem Streitfall ging es um die Frage, ob der Angeklagte Gruenwald in einem 1952 verbreiteten Pamphlet den Regierungsbeamten Israel Kasztner[10] verleumdet hatte. Der als Retter und Helfer von Juden geltende Kasztner, führendes Mitglied des Hilfs- und Rettungskomitees (Vaada) in Budapest, war von Gruenwald der Kollaboration mit der SS bezichtigt worden.

Im Sommer 1944 hatte das »Sondereinsatzkommando Eichmann« mit maßgeblicher Hilfe der ungarischen Gendarmerie innerhalb von acht Wochen 438.000 Juden aus Ungarn nach Auschwitz deportiert. Kasztner war es durch Verhandlungen gelungen, im Juni 1944 einen Zug mit circa 1700 Juden außer Landes zu bringen. Über das Lager Bergen-Belsen gelangten die Insassen des »Kasztner-Zugs« im August und im Dezember 1944 in die Schweiz. Unter den Geretteten waren auch Familienangehörige Kasztners aus seinem Heimatort Klausenburg (Cluj/Kolozsvár).

Der seinerzeitige Generalstaatsanwalt Chaim Coh(e)n wollte mit einer Klage gegen den Pamphletisten die Sache richterlich aufklären lassen. Er war der Ansicht, entweder müsse Kasztner im Fall der Richtigkeit der vorgebrachten Anschuldigungen nach dem Gesetz gegen Nazis und Nazihelfer als Kollaborateur belangt werden. Oder aber Gruenwald habe im Fall der richterlich festgestellten Verleumdung eines ehrenwerten und untadeligen Staatsdieners und einstigen Judenretters die rechtlichen Folgen zu tragen.[11]

Der gegen den Willen Kasztners von Coh(e)n angestrengte Prozess hatte fatale Folgen. Halevi sprach in dem turbulenten Verfahren den Angeklagten von den Anklagepunkten der Verleumdung und der üblen Nachrede frei. Hinsichtlich der Anwürfe Gruenwalds meinte er, Kasztner habe bei seinen Verhandlungen mit der SS »seine Seele dem Teufel verkauft«.[12] Mit der schwerlich juristisch zu nennenden Bezeichnung »Teufel« meinte Halevi Kasztners Hauptverhandlungspartner Eichmann.[13] Überdies nannte er den Gegenspieler Kasztners einen »Bloodhound«.[14]

Äußerst nahe lag daher, Halevi im zu führenden Verfahren gegen Eichmann als voreingenommen und befangen zu betrachten. Zumindest musste befürchtet werden, dass der Angeklagte Eichmann und sein Verteidiger gegenüber einem Vorsitzenden Halevi diese Besorgnis vorbringen und ihn deshalb ablehnen würden. Alle Versuche, Halevi von seinem Vorhaben abzubringen, den Vorsitz übernehmen zu wollen, scheiterten. Die Verantwortlichen entschieden sich in ihrer misslichen Lage für einen rechtsstaatlich freilich bedenklichen Schritt. Sie änderten kurzerhand das Gerichtsgesetz, um Halevi zu verhindern. Nach dem neuen Gesetz bestimmte der Präsident des Obersten Gerichtshofs den Vorsitzenden Richter. Er musste dem Obersten Gerichtshof angehören. Im Fall der Ernennung der beiden Beisitzer blieb es bei der alten Regelung. Sie sollten weiterhin Bezirksrichter sein.

Doch nicht allein die in Zweifel gezogene Unparteilichkeit Halevis war der Grund für die flugse Gesetzesänderung. Mit seinem Urteil im Gruenwald-Verfahren, das im Grunde eine moralische Verurteilung Kasztners gewesen war, hatte sich der Jurist bei der Regierung Ben Gurion unliebsam gemacht. Unter seinem Vorsitz war »das Verfahren zu einer Anklage gegen die politische Führung des vorstaatlichen Jischuw in der Zeit des Holocaust geworden, die jetzt, rund zehn Jahre danach, identisch mit der Staatsführung war«.[15] Halevi hatte sich mit seiner Gerichtsentscheidung auf die Seite der politischen Gegner des Ministerpräsidenten geschlagen. Ein in den Augen Ben Gurions derart politisch unzuverlässiger Richter durfte im so überaus wichtigen Eichmann-Fall keinesfalls den Vorsitz übernehmen. Ins Gewicht fiel auch, dass der Oberste Gerichtshof 1958 Halevis Urteil aufgehoben und Kasztner rehabilitiert hatte. Dieser konnte sich der Wiederherstellung seines guten Rufs nicht mehr erfreuen. Ein Jahr vor der Entscheidung des Supreme Court war er von einem Extremisten ermordet worden.[16]

In der gleichsam offiziellen Darstellung der Rechtsgrundlagen des Eichmann-Prozesses von Nathan Cohen, für die deutsche Leserschaft geschrieben, ist von den politischen Hintergründen des neuen Gesetzes mit keinem Wort die Rede. Eine Begründung, warum das Gesetz geschaffen und die bisherige Justizpraxis geändert wurde, gibt Cohen nicht. Lapidar heißt es bei ihm: »Unter den wichtigsten Paragraphen« des »Gerichtsgesetzes (Vergehen, die die Todesstrafe zur Folge haben)« befindet sich »der Paragraph, der festlegt, daß der Gerichtsvorsitzende in derartigen Fällen aus dem Richterkollegium des Obersten Gerichtshofes gewählt wird, während die zwei anderen Richter Distriktsrichter sein müssen.«[17] Auch Generalstaatsanwalt Gideon Hausner (1915–1990), Chefankläger im Eichmann-Prozess, liefert in seinem Buch über das Verfahren eine irreführende Darstellung. Er verschweigt sogar, dass das Verfahrensrecht geändert worden ist. Bei ihm ist zu lesen: »Die Zusammensetzung des Gerichts wurde bekanntgegeben. Entsprechend der Prozeßordnung für die wenigen Vergehen, auf welche in Israel als Höchststrafe der Tod steht [...], mußte bei der Verhandlung ein Richter des Obersten Gerichtshofs den Vorsitz übernehmen.«[18]

Das neue Gesetz schaltete, wie gesagt, den umstrittenen Halevi nicht gänzlich aus. Als Bezirksgerichtspräsident konnte er die beiden Beisitzer bestimmen. Gegen den Rat von Kollegen ernannte er sich selbst. Seinen Tel Aviver Kollegen Itzak Raveh (1906–1989) zog er bei. Die Befürchtung, Halevi könnte wegen seines Gruenwald-Urteils von Eichmanns Verteidiger Servatius abgelehnt werden, bestätigte sich nicht. Die Verteidigung hielt das gesamte Gericht für befangen, weil die Richter Juden waren.

»Lex Kaul«

Den politischen Ambitionen von Friedrich Karl Kaul, dem Kronjuristen der SED, der in Jerusalem als Vertreter von Nebenklägern aufzutreten gedachte, schob der israelische Gesetzgeber gleichfalls einen Riegel vor. Zivile Nebenkläger wurden nicht zugelassen, das Gesetz ermöglichte ihnen jedoch, im Rahmen eines getrennten Verfahrens zu klagen. Kaul, der sein Ersuchen zunächst schriftlich vorgetragen hatte und später mit Israels Justizminister Pinchas Rosen und Generalstaatsanwalt Gideon Hausner eine Besprechung führte, musste sich mit der Rolle des Beobachters begnügen.[19] Der Anwalt übergab der Anklagevertretung Dokumente und benannte zwei Überlebende aus der DDR, die als Zeugen geladen werden sollten. Die Anklagevertretung verzichtete jedoch auf sie. Kaul wurde auch anderweitig aktiv. Auf einer Pressekonferenz gab er vor, die Hauptschuldigen für den Holocaust in Bonn ausgemacht zu haben. Nicht nur Kaul, auch Rechtsanwalt Shmuel Tamir sollte daran gehindert werden, als Nebenklagevertreter zu agieren.[20] Tamir war Malkiel Gruenwalds Anwalt gewesen und verfolgte eine politische Agenda, die der Regierung missfiel.

Arendts Prozessbeobachtung

Der »Reporter at large«[1] Arendt konnte sich in den von ihr besuchten Gerichtssitzungen schwerlich ein rechtes Bild von dem Angeklagten machen. Nach der Verlesung der Anklageschrift[2] durch den Vorsitzenden Richter Moshe Landau (1912–2011) wurde über Anträge der Verteidigung verhandelt und über Verfahrensfragen gestritten.

Unverständlicherweise monierte Arendt bereits nach vier Sitzungen den nach dem geltenden Gerichtsgesetz wohl unvermeidlichen Umstand, dass die Gerichtssprache Hebräisch war.[3] Das Eröffnungsplädoyer[4] von Generalstaatsanwalt Hausner, während dreier Sitzungen mit rhetorischem Aufwand vorgetragen, zeichnete allerdings kein angemessenes Bild von Tun und Lassen Eichmanns, den Arendt für einen »desk murderer *par excellence*«[5], Hausner hingegen für den zentralen, allmächtigen Akteur der »Endlösung« hielt.[6]

Den nachfolgenden Vernehmungen, zunächst von zwei Angehörigen der Israel-Polizei[7] und einem Historiker (Salo Baron), sodann von sogenannten »Hintergrundzeugen« (EJ, S. 269) und Überlebenden, galt Arendts Interesse in geringem Maße. Kaum eine Vernehmung scheint sie beeindruckt zu haben. Eine der wenigen Ausnahmen war die Aussage von Zyndel Grynszpan (EJ, S. 271–273), dessen Sohn Herschel 1938 in Paris das Attentat auf den Botschaftsmitarbeiter Erich vom Rath verübt hatte.[8] Nicht jede Sitzung scheint Arendt überdies im Gerichtssaal präsent gewesen zu sein.[9] Am 5. Mai 1961, nach 17 im Gericht verbrachten Tagen, reiste sie recht unverrichteter Dinge ab.[10] 29 von insgesamt 121 Gerichtssitzungen[11] (Sessions) hatte sie besucht und 38 von insgesamt 110 Zeugen[12] gehört. Private Planungen hatten Vorrang gegenüber einer möglichen Fortsetzung der Prozessbeobachtung.[13]

Eichmann war bis zu Arendts Abreise noch nicht zu Wort gekommen. Sein bei jedem der 15 Anklagepunkte in der 6. Gerichtssitzung vorgetragener Satz »Im Sinne der Anklage nicht schuldig«[14] war die längste Verlautbarung des strammstehenden Angeklagten im Glaskasten.[15] Vom Tonband des Polizeiverhörs war er allerdings während der Vernehmung von Avner Werner Less (1916–1987) ausführlich zu hören gewesen.[16]

Eichmann kam erst nach dem Ende der Beweisaufnahme ausführlich zu Wort.[17] Seine Befragung im Zeugenstand durch seinen Verteidiger nahm 14 Sitzungen in Anspruch. Das Kreuzverhör durch die Anklagevertretung dauerte noch eine Sitzung länger. Auf zwei Sitzungen beschränkten sich die drei Richter bei ihrer Befragung.[18] Aus Sicherheitsgründen hatte das Gericht auf Antrag der Anklagevertretung beschlossen, dass Eichmann in seiner Glaskabine verblieb und nicht im ungeschützten Zeugenstand Platz nahm.

Nur zu Beginn von Eichmanns Einvernahme durch seinen Rechtsbeistand war Arendt nochmals für wenige Tage (20. bis 22. Juni 1961, drei Gerichtssitzungen) nach Jerusalem zurückgekehrt, um »Eichmann on the witness stand zu sehen«.[19]

Festzustellen ist mithin, dass Arendt, gleich dem Historiker, nicht aber dem genuinen Gerichtsreporter, weitgehend über ein papierenes Wissen von Eichmann und seinem Prozess verfügte, auch wenn anzunehmen ist, dass sie die Fernsehberichterstattung über den Prozess in den USA verfolgte. Unrichtig will es deshalb scheinen, von der »Arendtschen Augenzeugenschaft«[20] bzw. von »Augenzeugen-Geschichtsschreibung«[21] zu sprechen.

Die drei Sitzungen, in denen Arendt im Juni 1961 Eichmann bei seiner Vernehmung durch seinen Verteidiger »erlebte«, haben schwerlich ausgereicht, sich ein Bild von dem Angeklagten in natura zu machen.[22] »Mitangehört« (EJ, S. 100) hat sich Arendt, wie dargelegt, nur rund ein Viertel der Gerichtsverhandlung, »beigewohnt [...] der langen Lektion in Sachen menschlicher Verruchtheit« (EJ, S. 300)[23] hat sie während des Kreuzverhörs durch Anklagevertretung und Gericht gerade nicht. Zurecht bemerkte deshalb Deborah Lipstadt: »But she was not in the courtroom during the most crucial moments of« Eichmanns »testimony. In fact, she was absent for much of the trial.«[24]

Diese Feststellung ist freilich kein genereller Einwand gegen Arendt, sondern dient allein der Darlegung der Entstehungsgeschichte ihres Reports. Gleichwohl ist zu bemerken, dass sie sich über die Dauer ihrer Präsenz im Gerichtssaal ausschweigt. Es wäre fraglos ein Gebot der Redlichkeit gewesen, den Unterschied zwischen Prozessbeobachtung vor Ort und dem in New York am Schreibtisch erfolgten Studium und Auswertung der ihr zugegangenen umfangreichen Prozessunterlagen deutlich zu machen. Selbst in ihrem Briefwechsel mit dem umstrittenen Zeugen Fülöp Freudiger lässt Arendt Transparenz vermissen. Das während seiner Aussage von einem Prozessbesucher angefeindete Mitglied des Budapester Judenrats (EJ, S. 160 f.) meinte in einem Brief an Arendt, sie habe ihn im Verhandlungssaal gehört.[25] In ihrer Antwort klärte sie das Missverständnis nicht auf.[26] Freudiger war drei Wochen nach Arendts Abreise in den Zeugenstand getreten. Arendts Darstellung des Zwischenfalls liest sich freilich so, als ob sie ihn tatsächlich erlebt hätte.

Bereits wenige Tage nach der Prozesseröffnung (11. April 1961) hatte sich Arendt schon ein recht persönliches, von Affekten und Ressentiments nicht freies Bild von den Akteuren in Jerusalem gemacht. Eichmann erschien ihr »wie ein Gespenst«, nicht »einmal unheimlich« und »nur darauf bedacht, die Haltung nicht zu verlieren«.[27] Chefankläger Hausner, sein Eröffnungsplädoyer (17./18. April 1961) hatte er noch gar nicht gehalten, war ihr schlicht »ein galizischer Jude, der ohne Punkt und Komma spricht, sich dauernd wiederholt und widerspricht, gelehrt tut, wie ein beflissener Schüler, der zeigen will, was er alles weiß«.[28] Gegenüber Jaspers meinte sie despektierlich, Hausner sei »typisch galizischer Jude, sehr unsympathisch, macht dauernd Fehler. Vermutlich einer von denen, die keine Sprache können«.[29] An ihren Mann Heinrich Blücher schrieb sie gar: »Übrigens der Prosecutor wird immer ekelhafter«.[30] Hausner, 1915 in Lemberg geboren, war 1927 nach Palästina ausgewandert.[31] Schwerlich anzunehmen, dass sein Hebräisch schlechter war als das der drei Richter, die 1933 ins Exil nach Palästina gegangen und älter als Hausner waren.

Mit welchen Vorurteilen Arendt im Gerichtssaal saß, macht auch folgende, äußerst befremdliche Bemerkung deutlich: »Mein erster Eindruck: Oben die Richter, bestes deutsches Judentum. Darunter die Staatsanwaltschaft, Galizianer, aber immerhin noch Europäer.«[32] Hausners Kollegen Gabriel Bach (*1927) und Yaakov Bar-Or (1916–2008) waren in Halberstadt und Frankfurt am Main geboren.

Nicht zu übersehen und nicht zu tabuisieren ist mithin, dass »Arendts Bemerkungen über Israel und die Israelis« in ihrer Korrespondenz »nachgerade rassistische Untertöne«[33] aufweisen. Eichmanns Verteidiger Servatius zeichnete sie als »ein[en] ölige[n], geschickte[n] und sicher durch und durch korrupte[n] Herr[n], aber erheblich gescheiter als der Staatsanwalt«.[34]

Wie wenig Geduld sie für den Verlauf des Strafverfahrens aufbrachte, wie wenig sie sich wirklich auf die Rolle einer Prozessbeobachterin einließ, belegen ihre Einlassungen nach gerademal fünf Gerichtssitzungen. An Blücher schrieb sie, sie sitze »vorläufig [...] von morgens bis abends im Gerichtssaal, hoffe aber doch, daß dies in der nächsten Woche nicht mehr nötig sein«[35] werde. Wenige Tage später musste sich die erstaunlich unwillige Gerichtsreporterin in ihrer fraglos ungewohnten Rolle eingestehen, dass das »Gespenst in der Glaskiste« ihr immer noch unbegreiflich sei: »Das Ganze stinknormal und unbeschreiblich minderwertig und widerwärtig. Verstehen tue ich es noch nicht, aber mir ist, als ob der Groschen irgendwann einmal fallen wird, nämlich bei mir.«[36]

Arendts Erkenntnisverlangen stand mit ihrem Wunsch, möglichst bald Jerusalem verlassen zu können, in Widerstreit, meinte sie doch, sie wolle »so schnell wie möglich weg, aber auch nicht so, daß ich etwas Wesentliches versäume«.[37] Vergegenwärtigt man sich die Tatsache, dass Arendt die Überlebenden der Vernichtungslager Chełmno, Sobibór, Treblinka, Auschwitz und Majdanek (vom Todeslager Bełżec wohnte kein Überlebender in Israel)[38] und viele andere überaus wichtige Zeugen nicht gehört, die Kreuzverhöre der Anklagevertretung und des Gerichts nicht erlebt hat, liegt die Feststellung nahe, dass sie entgegen ihrem Wunsch doch sehr Wesentliches versäumt hat.

Arendts Quellen

Auf welchen Materialien basiert Arendts Bericht? Ihr standen »›wörtliche, unkorrigierte und unredigierte Niederschriften der Simultanübersetzung‹« der in hebräischer Sprache geführten Verhandlung in Englisch, Französisch und Deutsch zur Verfügung, die, wie Arendt weiter zitiert, »›keinerlei Anspruch auf fehlerfreie und stilistisch richtige Form erheben‹ können« (EJ, S. 9).[1] Des Hebräischen nicht mächtig, benutzte sie das hebräische Gerichtsprotokoll nicht. Die Niederschrift der gedolmetschten Ausführungen des Gerichts, der Anklagevertretung, der Verteidigung, des Angeklagten und der Zeugen wurde der Presse zur Verfügung gestellt. Hinzu kamen die von der Anklagevertretung vorgelegten Dokumente, die diversen Schriftsätze von Anklage und Verteidigung und die Vernehmungsprotokolle von 16 Zeugen, die von der Verteidigung benannt und in der Bundesrepublik, Österreich und Italien kommissarisch vernommen worden waren. Auch die Plädoyers von Anklage[2] und Verteidigung[3] sowie die Urteile erster und zweiter Instanz zog sie heran. Weiter lag ihr als überaus wichtige Quelle die 3564 Blatt umfassende Transkription des Verhörs vor, von Avner Werner Less von Ende Mai 1960 bis Mitte Januar 1961 mit dem Untersuchungshäftling Eichmann in deutscher Sprache geführt.[4] Dieses den in Jerusalem anwesenden Journalisten bereits im April 1961[5] ausgehändigte Dokument, von Eichmann in der Untersuchungshaft eigenhändig korrigiert und Blatt für Blatt abgezeichnet, war eine Hauptquelle für Arendts Interpretation des Angeklagten.[6] Hinzu kam ein von Eichmann in Argentinien verfasstes Dokument, das die Anklagevertretung als Beweismittel vorlegte und das vom Gericht zugelassen, aber nicht der Presse zugänglich gemacht worden war.[7] Nicht bekannt war Arendt das Protokoll der Gesprächsrunde im Hause Willem Sassen in Buenos Aires. Von April bis November 1957 hatte der vormalige Kriegsberichterstatter an Wochenenden Altnazis versammelt und die Gespräche auf Tonband aufgenommen. Die von Sassen erstellte Transkription von rund 800 Blatt lag in Jerusalem vor. 196 Protokollseiten erkannte Eichmann als authentisch an. Nur sie wurden vom Gericht als Beweismittel zugelassen.[8] Vorgelegen haben Arendt auch die Auszüge aus dem Sassen-Protokoll, die im *Stern* (Juli 1960) und in *Life* (November/Dezember 1960) (EJ, S. 283) veröffentlicht worden waren.

Arendts Prozess-Bericht

Arendt verfasste ihrem Selbstverständnis nach einen bloßen »Bericht«, in dem »nur das zur Sprache« kam, »was im Prozeß verhandelt« wurde, »oder im Interesse der Gerechtigkeit hätte verhandelt werden müssen« (EJ, S. 14).[1] Sie meinte, einzig einen Tatsachenbericht auf der Grundlage des im Verfahren verhandelten Prozessstoffs geliefert zu haben.[2] An McCarthy schrieb sie, es gebe »keine ›Ideen‹ in diesem Bericht, es gibt nur Tatsachen mit ein paar Schlußfolgerungen, und diese Schlußfolgerungen erscheinen meist am Ende der Kapitel«.[3] Und: Sie habe allein »die Wahrheit auf Tatsachenebene [...] ohne theoretische und akademische Verbrämung«[4] geschrieben.

Um eine Erklärung ging es ihr nicht, weder der Shoah noch des Verhaltens der Täter und der Opfer. Auch nicht um Geschichtsschreibung. Die Historie des jüdischen Volkes, die Geschichte der Judenverfolgung und -vernichtung war nicht ihr Anliegen. Gleichwohl ist festzustellen, dass Arendt aus den von ihr sogenannten, im Prozess ihrer Auffassung nach zur Sprache gekommenen Tatsachen überaus weitreichende Schlussfolgerungen zog, die in ihrer Allgemeinheit wenig überzeugend waren und die deshalb Gegenstand scharfer Kritik werden sollten.

Ein Arendt überaus geneigter Autor meinte, »im Falle Adolf Eichmanns« habe die Prozessbeobachterin »ein Urteil«[5] sprechen müssen. Um welche Art Urteil es sich handelte, bleibt freilich unklar. Fraglos war es kein Rechtsurteil, obschon Arendt der Ansicht war, ihre Version (EJ, S. 327–329) abfassen zu müssen.[6] Die Prozessberichterstatterin hat – wie geschildert – nur ein Viertel der Gerichtssitzungen besucht. Über das Ergebnis der Beweisaufnahme hat sie nach ihrer aus dem »Inbegriff der [mündlichen; W.R.] Verhandlung« (wie es zumindest in der deutschen Strafprozessordnung heißt) geschöpften »Überzeugung« nicht entscheiden können. Auf der Grundlage der ausgewerteten schriftlichen Quellen wollte sie aber auch kein historisches Urteil fällen. Weder über den Angeklagten, noch über die Täter und Opfer der »Endlösung«, auch nicht über den Jerusalemer Prozess als Geschichtsereignis.[7] Diesen Anspruch erhob sie erklärtermaßen nicht.

Sprach Arendt stattdessen ein politisches oder ein moralisches Urteil? Ganz gewiss handelte ihr »Tatsachenbericht« nicht, wie sie vermeinte, nur von unbestreitbaren »Tatsachenwahrheiten«.[8] Die Zeitgeschichtsforschung hat nicht wenige ihrer freihändigen Konklusionen verworfen.[9]

Die Rezeption ihres Berichts stellte sich folglich nicht so einfach dar, wie Arendt in einem Brief an McCarthy meinte. Dort heißt es: »Mit anderen Worten, mein Argument wäre, daß die ganze Aufregung [über ihr Buch; W.R.] *Tatsachen* betrifft und weder Theorien noch Ideen. Die Feindseligkeit gegen mich ist eine Feindseligkeit gegen jemanden, der auf einer Tatsachenebene die Wahrheit sagt, und nicht gegen jemanden, der Ideen hat, die sich mit den gängigen in Konflikt befinden.«[10]

Arendts wiederholte Rede von ausschließlich berichteten Tatsachen scheint im Hinblick auf einen Gerichtsprozess von einigermaßen überraschender epistemologischer Naivität zu zeugen. In einem Strafverfahren, insbesondere in NS-Prozessen, werden von Zeugen fallible Aussagen gemacht. Im besten Fall beruhen sie auf mehr oder weniger verlässlichen Erinnerungen. Es werden mithin Geschichten erzählt, die den Zeugen unvergesslich im Gedächtnis blieben, gleichwohl aber Konstruktionen darstellen.

Die Aussagen der von der Anklagevertretung geladenen Opferzeugen sind auf ihren Beweiswert kaum geprüft worden. Da es Generalstaatsanwalt Hausner und seinen Mitarbeitern um die Darstellung der Shoah ging, die Ankläger im Übrigen vorab genau wussten, was sie abzufragen hatten, und die Verteidigung auf kritische Nachfragen[11] verzichtete, kann von im Verfahren vorgebrachten, feststehenden »Tatsachen« kaum die Rede sein. Gewiss wurden auch Urkunden (objektive Beweise) vorgelegt. Doch auch sie unterlagen der quellenkritischen Prüfung und der richterlichen Deutung. Blanke »Tatsachen« waren auch diese Beweismittel nicht, wie Arendt sehr wohl wusste.[12]

Arendts unbekümmerte Rede von Tatsachen in Zusammenhang mit ihrer Reaktion auf die gegenüber ihrem Prozessbericht vorgetragenen Kritik ist einigermaßen verwunderlich, denn ihr war durchaus bewusst, dass »Tatsachen [...] glaubwürdiger Zeugen [...] bedürfen [...], um festgestellt und festgehalten zu werden, um einen sicheren

Wohnort im Bereich der menschlichen Angelegenheiten zu finden«. Mehr noch: keine »Tatsachen-Aussage« kann »jemals über jeden Zweifel erhaben sein«.[13]

Fraglos haben die Zeugen von der Geschichtsforschung meist verbürgte, mithin unstrittige Ereignisse und Sachverhalte geschildert. Ihre Glaubwürdigkeit und Zuverlässigkeit in Frage zu stellen, war kein Anlass. Doch viele Zeugenaussagen hatten keinen Bezug zu dem Angeklagten und seinen Taten. Die Tatsachenermittlung in der Beweisaufnahme erwies sich deshalb in Bezug auf den Angeklagten als uneindeutig. Nicht wenige der zur Sprache gekommenen Vorgänge waren dem Angeklagten schwerlich zuzurechnen. Unzweifelhafte historische Erkenntnisse bestätigten die Zeugen zwar, doch viele Geschichten waren vor allem Ausdruck der subjektiven Sicht der überlebenden Opfer, Ausdruck ihrer individuellen Perspektive, ihrer konstruierten Erinnerung.

Unerörtert blieb bei Arendts Selbsteinschätzung auch, warum das Gericht zu tatsächlichen Feststellungen gelangte, die von ihren berichteten »Tatsachen« erheblich abwichen. Wären die von Arendt vielfach beschworenen Tatsachen so klar, bestimmt und unstrittig gewesen, dann hätten sich die richterlichen Tatsachenfeststellungen nicht so sehr von ihrem Bericht unterscheiden können. Sachverhaltsaufklärung, mag es sich um richterliche oder um historische handeln, ist kein so eindeutiger Vorgang, wie die Autorin in ihrer Selbstbewertung meinte.

Arendts Buch handelt mithin nicht allein vom Prozess, reportiert nicht nur den Prozessstoff. Es ist auch in Ablehnung einer »judeozentrischen Perspektive«[14], einer genuin zionistischen Sicht auf die jüdische Geschichte und insbesondere auf die Shoah, eine Kritik am Ben-Gurion-Staat. Die Instrumentalisierung des Verfahrens zu nationalen, volkspädagogischen Zwecken lehnte Arendt entschieden ab. Ihr Bericht ist gleichfalls ein Buch über Deutschland: über Nazi-Deutschland und über den Adenauer-Staat.

Wie sehr ihr Werk auch von Deutschland handelt, machte Arendt mit der Wahl ihres Mottos aus Bertolt Brechts Gedicht »Deutschland« (1933) klar. In der amerikanischen und englischen Ausgabe stehen folgende Zeilen auf der Haupttitelseite, unübersehbar über dem Buchtitel: »Oh Germany – Hearing the speeches that ring from your house, one laughs. But whoever sees you, reaches for his knife.«

In der deutschen Ausgabe wird Brecht ausführlicher zitiert, steht allerdings weniger prominent auf Seite 5:

»O Deutschland, bleiche Mutter!
Wie sitzest du besudelt
Unter den Völkern.
Unter den Befleckten
Fällst du auf.
.....
Hörend die Reden, die aus deinem Hause dringen, lacht man.
Aber wer dich sieht, der greift nach dem Messer.«[15]

Das Motto[16] ist nicht nur deshalb so wichtig, weil es einen Fokus von Arendts Buch hervorhebt, es macht auch klar, warum sie in ihrem Bericht und in ihrer Korrespondenz davon spricht, sie habe bei der Lektüre von Eichmanns Einlassungen im Polizei- und im Kreuzverhör lachen müssen.[17] Im Interview mit Roger Errera meinte sie selbstkritisch, »das jüdische Volk« sei durch ihre Darstellung »beleidigt« worden, und führte weiter aus: »Sie [die Arendt-Kritiker; W.R.] waren vor allem von dem verletzt, was Brecht sagte, vom Lachen. Mein Lachen seinerzeit war in gewisser Weise unschuldig und nicht reflektiert. Was ich« in Jerusalem »sah, war ein Clown«.[18]

Wie Brecht lachte Arendt über die Reden, im Fall Eichmann über seine haltlosen, verlogenen Rechtfertigungsversuche in klischeehafter Sprache. Seine Darstellung des monströsen Vernichtungsgeschehens als bürokratische, befehlsgemäß, gewissenhaft und führertreu ausgeführte Verwaltungsmaßnahme war in ihrer ganzen Schrecklichkeit nicht ernst zu nehmen. Sie kam Arendt komisch vor. Eichmann wollte nur für die Fahrplanerstellung, für die Organisation der Transporte Verantwortung übernehmen. Mit der »Evakuierung«, dem Zusammentreiben der Juden, der Aufstellung der Transportlisten, der Durchführung der Deportationen zum Ziel-, das heißt: zum Vernichtungsort, der Selektion in Auschwitz, den unmittelbaren Vergasungen in den Todeslagern, wollte er, wie er nicht müde wurde zu beteuern, nichts zu tun gehabt haben.

Arendt lachte über Eichmann und seine fadenscheinigen Selbstrechtfertigungen, nicht aber über seine Taten. Mit Brecht war sie der Auffassung, den NS-Verbrechern gehe alle »Größe« ab, ihre präzedenzlosen Verbrechen machten sie nicht zu großen Verbrechern. In seinen nach 1945 verfassten Anmerkungen zu dem Stück *Der aufhaltsame Aufstieg des Arturo Ui* (1941) schrieb Brecht: »Die großen politischen Verbrecher müssen durchaus preisgegeben werden, und vorzüglich der Lächerlichkeit. Denn sie sind vor allem keine großen politischen Verbrecher, sondern die Verüber großer politischer Verbrechen, was etwas ganz anderes ist.«[19] In ihrem Brecht-Essay zitiert Arendt eine andere Bemerkung des Schriftstellers: »Sowenig das Mißlingen seiner Unternehmungen Hitler zu einem Dummkopf stempelt, so wenig stempelt ihn der Umfang dieser Unternehmungen zu einem großen Mann.«[20] In der Einleitung zu ihren Anfang der 1970er Jahren gehaltenen Vorlesungen *The Life of the Mind* repetiert sie diese Ansicht mit Blick auf Eichmann: »The deeds were monstrous, but the doer – at least the very effective one now on trial – was quite ordinary, commonplace, and neither demonic nor monstrous.«[21]

Wie bereits hervorgehoben, stützte sich Arendt in ihrem Report über die im Prozess verhandelte deutsche Verfolgungs- und Vernichtungspolitik (Kapitel IV bis XIII) weitgehend auf die vorliegende Forschungsliteratur. Insbesondere die Bücher von Léon Poliakov,[22] Gerald Reitlinger,[23] H. G. Adler[24] und Raul Hilberg[25] waren für sie grundlegend. Die Forschungsergebnisse dieser Historiker machte sich Arendt freilich recht selektiv zu eigen.

Arendts Kritiker: »Arendt-Kontroverse«

Die Kontroverse um ihren Prozessbericht, die sie eine »organisierte Kampagne« (EJ, S. 12) nannte, war für Arendt »ein Streit um ein Buch [...], das niemals geschrieben worden ist« (ebd.). Im Brief an McCarthy meinte sie, die Kritik richte »sich gegen ein ›Image‹, und dieses Image ist an die Stelle des Buches getreten, das ich geschrieben habe.«[1]

Den Streit entfachten in Israel, in den USA und in England insbesondere folgende Themen:

1. Arendts Kritik an der Strategie der Anklagevertretung,
2. ihre Beschreibung Eichmanns und seiner Rolle im Vernichtungsprozess,
3. ihre Darstellung des Verhaltens jüdischer Funktionäre/Judenräte zur Zeit der »Endlösung«,
4. ihr »Stil« beziehungsweise ihr im Buch angeschlagener »Ton«.[2]

Arendts scharfe Kritik an Politik und Justiz Nachkriegswestdeutschlands, ihre wiederholten Hinweise auf das Fortwirken nationalsozialistischer Mentalitäten, ihre Benennung der insbesondere von Konrad Adenauer[3] gepflegten deutschen Lebenslügen (EJ, S. 81), ihre Feststellungen über die Integration von Ex-Nazis in Politik, Wirtschaft, Wissenschaft, Justiz und Kultur (EJ, S. 298), ihre Einwände gegen die Rechtsprechung in NS-Prozessen (EJ,

S. 226), ihre Zurückweisung der Legende von der »sauberen« Wehrmacht, blieben hingegen weitgehend unberücksichtigt.[4] Empörung löste hingegen ihre Darstellung des militärischen Widerstands (EJ, S. 132–139) aus, ihre kritische Beurteilung der »Männer des 20. Juli«, die für Arendt mitnichten das vorzeigbare »Andere Deutschland« repräsentierten[5] und auch nicht für den viel beschworenen »Aufstand des Gewissens« stehen konnten. Der Mord an den europäischen Juden war für wenige Hitlergegner der vorrangige Anlass gewesen, das Regime beseitigen zu wollen.[6]

Den Anfang der »Entstellungskampagne«[7] machte ein langjähriger Bekannter Arendts, der sowohl hoher Staatsbeamter in Israel als auch Repräsentant von Organisationen und Einrichtungen war und am 6. Mai 1961 die kurzzeitige Gerichtsreporterin von Jerusalem nach Tel Aviv gefahren hatte.[8] Siegfried Moses (unter anderem saß er dem *Council of Jews from Germany* und dem *Leo Baeck Institute* vor; bis zu seiner 1937 erfolgten Emigration war er Präsident der *Zionistischen Vereinigung für Deutschland* gewesen) wandte sich am 7. März 1963 mit einer außergewöhnlichen Epistel an Arendt.

Moses hatte sich mit Arendt in New York zu einem »freundschaftlichen Gespraech« in anderer Angelegenheit treffen wollen. Nachdem er die bislang erschienenen drei Folgen im *New Yorker* gelesen hatte, verfasste er spontan und im Zorn auf dem Briefpapier des Hotels, in dem er abgestiegen war, »eine Kriegserklaerung« an die in Europa weilende, von einem Freund[9] bereits vorgewarnte Prozessberichterstatterin (»liebe Hannah«).[10] Moses war bereits darüber informiert, dass Arendt »vorausgesehen« habe, dass ihre Artikel »bei den Juden ein negatives Echo« finden würden. Ihre »These« von der Mitwirkung jüdischer Führer »bei der Zerstörung ihres Volkes« und ihre Behauptung, ohne jüdische Kooperation »wäre die Gesamtzahl der juedischen Opfer kaum so gross gewesen«, hätten »Aufregung und Entrüstung« unter den Juden ausgelöst. Moses musste, wie er darlegte, umdisponieren. Ursprünglich war er »mit dem Entwurf eines Statement« nach New York gekommen, »in dem sich nach meinem Vorschlag der Council of Jews from Germany gegen die in dem Hillbergschen [sic!] Buch und in den von [Bruno] Bettelheim[11] veroeffentlichten Aufsaetzen enthaltene Darstellung wenden« wollte. Jetzt musste sich »die Abwehr des Council« zuallererst gegen Arendts Veröffentlichungen richten.

Die Organisation der aus Deutschland stammenden Juden verbreitete – der fünfte Teil von Arendts Bericht erschien erst einige Tage darauf – eine auf den 12. März 1963 datierte, hektographierte »Erklärung« zur »Reaktion der Juden auf die Verfolgungen der Nazizeit«. Im deutschsprachigen *Mitteilungsblatt* der aus Europa nach Palästina eingewanderten Juden wurde sie eineinhalb Wochen später publiziert.[12] Durch Arendts und auch Hilbergs Publikationen sah der *Council* die »geschichtliche Wahrheit« in Gefahr. Er machte »Stimmen« aus, die »ein verfälschtes Geschichtsbild« zu etablieren suchten. Insbesondere meinte er, »die Haltung von Männern, an deren Integrität und Selbstaufopferung kein Zweifel« bestehe, sei von Arendt und Hilberg missdeutet worden. Arendts Kritik an jüdischen Führern (im Sprachgebrauch von Moses und des *Council* war die Wortwahl »Führer« im Deutschen durchaus unproblematisch) bezog sich, wie noch dargelegt wird, allerdings (zumeist) auf die Tätigkeit zur Zeit der »Endlösung«, die für Arendt mit dem Auswanderungsstopp im Oktober 1941 und dem Beginn der Deportationen »nach dem Osten« einsetzte.

Die »Erklärung« konzedierte, dass die unbestreitbare »Mitwirkung von Leitern und Beamten jüdischer Gemeinden bei der technischen Ausführung der den Gemeinden erteilten Befehle [...] mit brutalsten Mitteln« von den deutschen Stellen erzwungen worden sei. Versuchte »Gegenreaktionen oder geheimen Widerstand« habe es von jüdischen Funktionären aber gegeben.

Die »Erklärung« bezieht sich weitgehend auf die Situation der deutschen Juden. Die von Arendt in ihrem Buch immer wieder hervorgehobene Unterscheidung zwischen der Zeit vor und während der »Endlösung« berücksichtigt sie nicht. Mit seiner Verlautbarung wollte es der *Council* jedoch nicht bewenden lassen. Er kündigte »eine Reihe von Publikationen« an, »die die Lage der Juden unter der Naziherrschaft von Beginn an und die schicksalhaften Probleme, mit denen sie konfrontiert waren, darstellen werden. Sie werden zeigen, wie die deutschen Juden sich in äusserster Anspannung aller moralischen und materiellen Kraft zu gegenseitiger Hilfe organisiert und unter den schwierigsten Umständen Selbstbesinnung und Selbstachtung aufrecht erhalten haben.«[13]

Moses' Brandbrief wurde Arendt in die Schweiz nachgeschickt und sie antwortete umgehend mit der Bitte, den angekündigten »Angriff« allein gegen sie zu führen und andere vom *Council* auserkorene Gegner auszulassen.[14]

Ihrem in den USA verbliebenen Mann, der spitz gemeint hatte, in New York würden sich »die Israeliten [...] erst zu einer Phalanx«[15] sammeln, schrieb sie in Verkennung der Ernsthaftigkeit des Problems: »Der Sturm bei Deutschen und deutschen Juden ist wirklich nur eine größere tempête im Wasserglas, man sollte sich nicht kümmern. War ja unvermeidlich.«[16]

Einem Gespräch mit ihrem selbsterklärten Kriegsgegner wich Arendt nicht aus. Sie traf sich mit Moses im März 1963 in Basel. Seine Forderung, die Publikation des Buches zu stoppen, lehnte sie selbstredend ab.[17] Ebenso die Platzierung einer von Moses vorgeschlagenen Selbstkorrektur im *New Yorker*.[18] Arendt erklärte sich aber bereit, in der geplanten deutschen Ausgabe sowie in der zweiten amerikanischen Auflage Präzisierungen vorzunehmen.[19]

Nicht nur auf Arendt wurde Druck ausgeübt. Auch der *New Yorker* war Adressat von Forderungen. So verlangte die *American Federation of Jews from Central Europe* vom Herausgeber des Magazins, die »Erklärung« des *Council* abzudrucken.[20]

Hinsichtlich der Vehemenz und Ausdauer ihrer Kritiker irrte sich Arendt. Im *Mitteilungsblatt* und im *Aufbau* erschienen seit März 1963 unzählige Artikel. Bereits in der Ausgabe vom 15. März 1963 kündigte die *Aufbau*-Redaktion an, zu Arendt »Stellung«[21] nehmen zu wollen. Zwei Wochen darauf erschienen gleich drei, durchweg polemische Artikel zum »Sturm um Hannah Arendts ›Eichmann‹« zusammen mit der »Erklärung« des *Council*.[22]

Auch Autoren vom Fach wie Robert M. W. Kempner[23] bot der *Aufbau* auf, um der Autorin Unrichtigkeiten und Gutgläubigkeit hinsichtlich Eichmanns »faustdicke[n] Lügen« nachzuweisen. Nach Kempner, der in einträchtiger Übereinstimmung mit der Jerusalemer Anklagevertretung Eichmann für einen »major war criminal« und für den »unermüdliche[n] und fanatische[n] Chefingenieur der Judenausrottungsmaschinerie«[24] hielt, hatte Arendt aus Unkenntnis der Verwaltungsstruktur des NS-Regimes die Rolle Eichmanns missverstanden. In einem Brief an die Prozessbeobachterin, der auszugsweise im *Aufbau*[25] abgedruckt wurde, zählte er durchaus sachlich einige Irrtümer Arendts auf.[26] Auch Herbert Strauss, bis 1943 hatte er in Berlin die NS-Verfolgungspolitik erleben müssen, äußerste sich argumentativ schlüssig zu Arendt. Sein Vergleich freilich von Arendts Buch mit dem Werk des britischen Historikers A. P. Taylor über die Entstehung des Zweiten Weltkriegs muss sie empört haben. Strauss meinte, ebenso wie das umstrittene Buch

Taylors spiele »Mrs. Arendt [...] unwittingly into the hands of those in Germany who wish to revive Nazism«.[27] Dass vormalige Gefolgsleute Hitlers Arendts Kritik an der jüdischen Führung als Entlastung von der eigenen Täter- beziehungsweise Mittäterschaft fehlinterpretieren konnten und wollten, ist gewiss nicht der Autorin anzukreiden. Ihre Rede von der »Kooperation« jüdischer Repräsentanten minimierte die deutsche Schuld nicht im Geringsten. Ebenso wenig ließ sich Arendts Bericht als Handreichung für eine Wiederbelebung des Nazismus in der Bundesrepublik missverstehen.

Die Holocaust-Forschung hat die Zusammenarbeit vieler Regierungsstellen von mit Deutschland verbündeten Staaten und die Mitwirkung vieler Hilfswilliger in zahlreichen Ländern dargestellt. Der Nachweis von Helfershelfern in den besetzten Gebieten und die Kollaboration von Regierungen verringert Schuld und Verantwortung der deutschen Mörder nicht.[28]

Wie sehr sich aus Deutschland stammende Juden durch Arendts Buch diskreditiert fühlten, machte auch der Artikel von Friedrich S. Brodnitz, einst Mitarbeiter in der *Reichsvertretung der Juden in Deutschland,* deutlich. Brodnitz und die wenigen Überlebenden der 1933 gegründeten und 1939 von den Nazis aufgelösten *Reichsvertretung* waren »es dem Andenken ihrer ermordeten Freunde und der Ehre des deutschen Judentums schuldig, das völlig entstellte Bild zu berichtigen, das Hannah Arendt von der Führung des deutschen Judentums gibt«. Denn: »Wir sollten den Opfern Hitlers, ›Führern‹ und Geführten, die Ehre des Märtyrertums lassen, die sie sich durch ihren Tod erworben haben.« Und: »Vor den Opfern des Hitlerregimes, den ›Prominenten‹ und den Massen, sollte die Kritik schweigen.«[29]

Dass Arendts Kritik sich gegen die 1939 eingerichtete Zwangsorganisation *Reichsvereinigung der Juden in Deutschland* wendete, blieb von Brodnitz nicht unbemerkt. Er beklagte dennoch, dass die Autorin die Verdienste der *Reichsvertretung* nicht gewürdigt habe.

Unzählige Zuschriften gingen beim *Aufbau* ein, der in einer Notiz vermerken musste, nur einen Teil davon und nur in Auszügen veröffentlichen zu können.[30] Beim Abdruck der Leserbriefe bemühte sich die Redaktion um Objektivität und veröffentlichte auch zustimmende Einlassungen.[31]

Dass die von Arendt als Kampagne wahrgenommene Kritik an ihrem Prozessbericht organisiert war, bestätigte ungewollt Robert Weltsch. Der in London lebende, frühere Chefredakteur der *Jüdischen Rundschau* (Organ der *Zionistischen Vereinigung in Deutschland)* meinte in einem langen Brief Mitte August 1963 an Arendt, es sei »fast ein halbes Jahr her«, dass er »eine Reihe von dringenden Aufforderungen, auch Telegramme, auch aus Amerika«, erhalten habe, zu Arendts Artikeln »etwas zu schreiben, d. h. ›gegen‹«.[32] In einem weiteren Brief relativierte er allerdings seine aufrichtige Rede und meinte, man habe ihn »aufgefordert, Stellung zu nehmen zu Ihren New

Yorker Artikeln, wahrscheinlich weil man mich – zu Unrecht – für sachverständig hält. Niemand hat mir vorgeschrieben, was ich sagen soll.«[33]

Der *Aufbau* räumte seiner langjährigen Mitarbeiterin Arendt keine Möglichkeit ein, ihren Kritikern zu antworten. Weder eine »Erklärung«[34] noch einen Leserbrief[35] druckte er ab.

Im Nachlass Arendts findet sich ein an den Herausgeber des *Aufbau,* Manfred George, gerichteter »Offener Brief [...] mit der Bitte um Veröffentlichung«. Arendt wandte sich in dem Schreiben vom 29. Juli 1963 an den in Frankfurt am Main residierenden Direktor der *United Restitution Organization* (URO), Kurt May.[36] Der Jurist hatte Wochen zuvor in mehreren Briefen an Arendt nicht nur vom »peinlichen Verfahren in Jerusalem«[37] und von »peinlichen Artikel[n] im ›Aufbau‹«[38] geschrieben, sondern auch »mit Unruhe und mit Kopfschütteln die weitere, teilweise sehr gehässige Diskussion, insbesondere in der gesamten jüdischen Presse beobachtet«.[39] Er wandte sich aber als Repräsentant der URO an Arendt, um »in faktischen Dingen« notwendige Korrekturen zu erbitten. Arendts Ausführungen zu der Politik von okkupierten Ländern und von Satellitenstaaten Nazi-Deutschlands erregten Mays Widerspruch. Ihre Darstellung der »Zusammenhänge von Schuld und Mitschuld für die Verfolgungsmaßnahmen in Frankreich, Bulgarien, Ungarn, Rumänien usw.« beruhte, so May, »auf offenbar unzureichenden Kenntnissen der Quellen«. Er bot Arendt Nachhilfe durch die Zusendung von Dokumentensammlungen an, die die URO für ihre Arbeit erstellt hatte. Seine Besorgnis war, dass durch das Buch »geradezu eine neue Geschichtslegende eingeleitet« würde, »nicht nur zum Schaden Deutschlands!«[40] May zufolge stand durch Arendts Darstellung Deutschlands insbesondere die in Wiedergutmachungsverfahren nachzuweisende Alleinverantwortung für den Holocaust auf dem Spiel. Für May hatte Arendt aufgrund ihrer mangelhaften Quellenkenntnis die deutsche Schuld relativiert und »der jüdischen Sache«[41] einen Bärendienst erwiesen.

Arendts Buch erschien im Mai 1963, ohne dass Mays dringliche Bitten berücksichtigt worden wären. Derart übergangen und um von ihm angenommene nachteilige Folgen für die Wiedergutmachung abzuwenden, stellte May seine Briefe dem *Aufbau* zur Verfügung. Die Zeitung, fraglos eine Speerspitze in der Kampagne gegen Arendt, zitierte ausführlich aus seinen Briefen. Die in den Quellensammlungen der URO vorgelegten Dokumente, so die Redaktion, »widerlegt[en]« Arendts Darstellung und wiesen »ihre Unrichtigkeit überzeugend«[42] nach. Der für die Gewährung von Wiedergutmachung erforderliche Nachweis, dass die Verfolgung der Juden allein von deutschen Stellen veranlasst worden war, schien der URO, wie erwähnt, durch *Eichmann in Jerusalem* in Frage gestellt. Die von Juristen geführte Einrichtung präsentierte sich als eine Autorität, die über eine historische Forschungsabteilung verfüge und umfassende Kompetenz in Sachen NS-Vernichtungspolitik für sich reklamieren könne. Arendt sprach hingegen, unbeeindruckt von den Einwänden, von Mays »Doppelzüngigkeit«.[43]

Hinsichtlich der gesetzlichen Vorgaben für Wiedergutmachung hatte im Mai 1963 auch Robert M. W. Kempner in seinem auszugsweise im *Aufbau* abgedruckten Brief hervorgehoben, dass »die Bundesrepublik einen grossen Teil der Wiedergutmachungsgelder für Hitlers Opfer in Ungarn und andere[n] Satellitenstaaten zurückerhalten« sollte, wäre Arendts »Theorie« über »die Souveränität der Satelliten- und Vasallenstaaten«[44] richtig.

Wie angekündigt, brachte der *Council* eine rund 100 Seiten starke Broschüre *Nach dem Eichmann-Prozess. Zu einer Kontroverse über die Haltung der Juden* Mitte 1963 im Eigenverlag heraus.[45] In seinem Vorwort hob Siegfried Moses hervor, dass insbesondere die Haltung der deutschen Juden und ihrer Repräsentanten von Arendt unzutreffend dargestellt worden sei, und sprach mit Blick auf ihren Bericht und auch auf Hilbergs Studie von »sachlich und menschlich nicht verantwortbaren Publikationen«.[46] Die vier Beiträge der Broschüre (zwei Erstveröffentlichungen und zwei Nachdrucke) sowie eine »Nachbemerkung« von Martin Buber bringen durchaus gewichtige Argumente gegen Arendt vor. »Fehlurteile und Auslassungen«[47] werden neben Arendts »postzionistische[m] Ressentiment«[48] konstatiert.

Auch der Direktor des *Institute of Jewish Affairs* (eine Einrichtung des *World Jewish Con-*

gress), Nehemiah Robinson, meldete sich im *Aufbau* zu Wort und wies Arendts verfehlte, weil zu pauschale Darstellung zurück.[49] Die im Einzelnen oft zutreffende Kritik lief freilich im Großen und Ganzen auf das Ziel hinaus, Arendts Sachkompetenz in Frage zu stellen. Bei Robinsons Ausführungen ist auch gut zu demonstrieren, dass viele Kritiker Arendt ungenau gelesen und missverstanden hatten. Robinson meinte zum Beispiel, neben den Judenräten und der Ghettopolizei habe Arendt »a third Jewish group responsible for the murder of Jews«[50] entdeckt: die sogenannten jüdischen Sonderkommandos in den Vernichtungslagern. Diese Lesart ist bei genauerem Hinsehen falsch. Arendt hebt hervor, dass die Mitglieder der Sonderkommandos in einer Notstandslage (EJ, S. 125 f.) zu ihren Tätigkeiten gezwungen worden seien, mithin strafrechtlich entschuldigt waren. An anderer Stelle beschreibt sie zutreffend die den Sonderkommandos abverlangte Arbeit und konstatiert: »Das alles«, das von Überlebenden der Vernichtungslager geschilderte Geschehen, »war zwar grauenhaft, aber ein moralisches Problem war es nicht.« (EJ, S. 159) Keineswegs waren die Sonderkommandohäftlinge, wie Robinson missdeutet, »the arch-criminals of Arendt«. Weder moralisch noch strafrechtlich waren sie verantwortlich. Sie waren ohnmächtige, terrorisierte Opfer.[51] Gänzlich unrecht hatte sie aber, wenn sie im Kontext ihrer Ausführungen zu den Sonderkommandos schrieb: »Die Selektion und Klassifikation der Arbeiter in den Lagern wurde von der SS getroffen, die eine ausgeprägte Vorliebe für kriminelle Elemente hatte; es konnte sich da in jedem Fall nur um die Auswahl der Schlechtesten handeln.« (EJ, S. 159) Was für Funktionshäftlinge mit einem grünen Winkel, in der Klassifikation der SS handelte es sich um »Berufsverbrecher«, weitgehend zutreffen mag, gilt nur mit vielen Einschränkungen für eine geringe Zahl von politischen Häftlingen und für Juden und Jüdinnen in der »Häftlingsselbstverwaltung«. Die in die Sonderkommandos gezwungenen Ankömmlinge, die unwissenden und arglosen »Neuzugänge«, wurden allein nach ihrem Aussehen, nach Alter, Statur etc. ausgewählt.[52] »Kriminelle Elemente« gab es unter ihnen wohl selten. Arendt deutet diesen unstrittigen Sachverhalt selbst an (EJ, S. 150). Äußerst verkürzt ist auch ihre Rede »von der unheimlichen Tatsache, daß es in den Todeslagern für gewöhnlich die Insassen und die Opfer gewesen waren, die tatsächlich ›das Mordwerkzeug mit eigenen Händen‹ geführt hatten« (EJ, S. 293). Die Autorin hatte keine Kenntnis vom Einsatz von Hilfswilligen ukrainischer und anderer Herkunft in den Vernichtungslagern der »Aktion Reinhardt« Bełżec, Sobibór und Treblinka.[53] Auch schreibt sie nichts davon, dass in Auschwitz und Majdanek die SS die Opfer in die Gaskammern drängte und das Zyklon B in die Gaskammern schüttete. Die Sonderkommandos töteten nicht. Sie »empfingen« zusammen mit einigen SS-Angehörigen die fürs Gas Selektierten in der Auskleidehalle, sie räumten die Kleidung der in die Todeskammern gedrängten Opfer weg, sie zogen die Ermordeten aus den Gaskammern und verbrachten sie zu den Krematoriumsöfen, sie verbrannten die Leichen und beseitigten die Asche. Das von Arendt zitierte Wort »Mordwerkzeug« ist deshalb irreführend.

Arendts Kritik an der jüdischen Führung in Deutschland teilten nicht wenige Exilanten und Überlebende. Freilich erst im Dezember 1963 erschien von Joseph Maier ein Artikel, in dem nicht nur von einem »organisierte[n] Kesseltreiben von Interessenten« und von einer »grossangelegte[n] und immer noch anhaltende[n] Entstellungskampagne« die Rede war. Der Autor würdigte, wenn auch recht apologetisch, Arendts Darstellung.[54] Wie die Angefeindete in ihrer Korrespondenz betonte auch Maier, »böswillige Entstellungen« seien insbesondere von »Mitgliedern des jüdischen Establishment« vorgebracht worden. Maiers Artikel, der offensichtlich gegenüber Arendt ein Freundschaftsdienst[55] war, muss der *Aufbau*-Redaktion missfallen haben. Anfang Februar 1964 veröffentlichte Robert Weltsch eine Kritik an der Kritik und forderte ein Ende der heillosen Diskussion um Arendts Buch. Vom *Aufbau* »unter Hinweis auf Joseph Maiers Bemerkung« gefragt, ob er »nicht etwas zu sagen habe zu dieser schwebenden Debatte«, brachte Weltsch zum Ausdruck, dass es sich »um eine Sache handelt, die man nicht zerreden«[56] könne. Was für Weltsch einzig zu schreiben blieb, war die Unsagbarkeit, die Undarstellbarkeit des Geschehens zu konstatieren. Mit Einwänden gegen Arendt sparte er jedoch nicht. Die Platzierung ihres Berichts im Magazin *The New Yorker* hielt er für einen schlimmen Fehlgriff. »Welch ein Paradox«, meinte er empört, »die unsagbaren Ergebnisse der systematischen Dehumanisierung zu analysieren in der selbstsicheren, kommerzialisierten Atmosphäre der amerikanischen Welt von heute, auf schmalen Druckspalten zwischen der Anpreisung von Büstenhaltern, Lippenstiften und neuesten Automodellen. Selten hat sich die Überheblichkeit eines zu Gericht sitzenden Intellektualismus in einer solchen Fratze gezeigt. Ich war darüber sehr unglücklich.«[57] Auf den rund 70 Seiten der ersten Folge von Arendts Bericht finden sich zum Beispiel über 100 Anzeigen aller Art und aller Formate. Doppelseitige und ganzseitige Anzeigen (meist Hochglanz) wechseln ab mit ein- und zweispaltigen. So sahen im Layout alle Folgen aus. In der Tat hat die »›affluent society‹«[58] unbeeindruckt und ungerührt inmitten eines Prozessberichts über einen Holocaust-Täter ihre Produkte und Annehmlichkeiten in dem Magazin feilgeboten.

Weltsch brachte darüber hinaus sein Verständnis für die harsche Reaktion des »jüdischen Establishment« zum Ausdruck und meinte, es sei »eine Ehrenpflicht« gewesen, »Freunde zu verteidigen, die in einer unausweichlichen, nicht in Worten zu reproduzierenden Situation waren, die nicht entrinnen, sich nicht entziehen konnten, und nicht den Rat der Klugen von 1964 einholen konnten, sondern dem Teufel gegenüberstanden und nur jeden Tag auf seinen Untergang hoffen konnten, ›hoping against hope‹.«[59] Anders als Arendt versagte sich der Schreiber ein Urteil über die Geschichte und meinte, die Prozessberichterstatterin habe sich »leider, leider« angemaßt, »›die ganze Wahrheit‹« über die historischen Vorgänge entdeckt zu haben.

Wie der *Council* trat auch die *Anti-Defamation League of B'nai B'rith* (ADL) bereits im März 1963 auf den Plan und verschickte ein internes Memorandum. Vier Folgen von Arendts Artikel-Serie waren erschienen. Ihre vorgebliche Kritik an den Juden, die sich fügsam in ihr Schicksal ergeben hätten, wurde als haltlose Generalisierung zurückgewiesen. Arendts keineswegs so vorgebrachte Behauptung, dass »Jews not only passively permitted themselves to be destroyed, but actually supervised the administrative details of the Final Solution under the direction of the Nazis«, verwarf die ADL voller Empörung. Der Vorwurf wurde formuliert, Arendt spiele Judenfeinden in die Karten: »No doubt anti-Semites will point to this Arendt document as evidence that Jews were no less guilty than others for what happened to six million of their co-religionists.«[60] In einem vierzehn Tage darauf verbreiteten zweiten Memorandum, als Argumentationshilfe in der Auseinandersetzung mit dem demnächst erscheinenden Buch gedacht, wurden Arendts Artikel referiert und die von Siegfried Moses aufgesetzte Erklärung des *Council* veröffentlicht.[61] Lektürehinweise und Lesebeigaben rundeten das Vorhaben der ADL ab, die als notwendig erachtete Kritik an Arendts

Buch zu fundieren. Eventuelle Rezensenten sollten präpariert und munitioniert werden.

Ein Mitarbeiter der ADL und Freund Arendts hatte ihr die Memoranden zugänglich gemacht, sodass Arendt noch im Urlaub (Athen) sich mit den Vorwürfen auseinandersetzen konnte.[62] Der Hinweis des Informanten, dass »the entire Jewish community [...] up in arms« sei und dass es »lots of perfectly stupid hysteria«[63] gebe, empfand Arendt ebenso. Sie sah sich jedoch nicht gehalten, auf die Vorhaltungen öffentlich zu antworten. Die »Erklärung« des *Council* war ihr zufolge »mostly besides the point«. Und: »All this is plain hysteria.«[64]

Arendt sah sich auch mit dem Vorwurf des Selbsthasses konfrontiert. Arieh Tartakower meinte in *World Jewry,* es sei »fairly evident that Hannah Arendt belongs to the class of assimilated Jew whose self hatred warps judgement. Her self-hatred is of a triple nature: she hates Zionism; she hates Israel; she hates the Jews generally.«[65] Auch Raul Hilbergs Werk nannte der an der Hebräischen Universität Jerusalem lehrende Wissenschaftler »a self-hating book«.[66]

Doch Arendt fand nicht nur empörte Kritiker. Die antizionistische Organisation *The American Council for Judaism* (ACJ) bot bereits Ende Februar 1963 dem *New Yorker* Unterstützung gegen die erwarteten Einwände zionistischer Gruppen an. Als die »foremost anti-Zionist organization«[67] sah sich der ACJ gehalten, gegen die zionistischen Arendt-Kritiker zu argumentieren. Auch der Prozessberichterstatterin persönlich bot der ACJ seine Schützenhilfe an. Der Rat lehnte »a political-national concept of ›the Jewish people‹ and the application of this concept to all Jews«[68] ab und glaubte, in Arendt aufgrund ihrer Kritik an der von Ben Gurion[69] beeinflussten Anklagevertretung eine Gleichgesinnte gefunden zu haben.

Vor ihrer im Juli 1963 erfolgten Rückkehr in die USA sprach Arendt in einem Brief an Jaspers vom »große[n] Geschrei«, das sich erhoben habe, das sie »aber ziemlich kalt«[70] lasse. Wieder zu Hause musste sie freilich feststellen: »Die Kampagne gegen mich hier auf niedrigstem Niveau und aus reinen Verleumdungen bestehend – es wird gemeinhin und konsequent das Gegenteil von dem behauptet, was ich de facto geschrieben habe – läuft immer noch auf hohen Touren.«[71] Später resümierte sie: »Man unterschiebt einen Unsinn, den niemand je gesagt hat, und diskutiert dann nichts mehr als eben den Unsinn, um den wirklichen Fragen auszuweichen.«[72]

Als bloßes »Geschrei« konnte Arendt den am 23. Juni 1963 verfassten Brief ihres Freundes Gershom Scholem nicht abtun. Sie beantwortete ihn daher auch umgehend nach ihrer Ankunft in New York. Scholem, der in einer Nachbemerkung zu seinem Brief die Bitte aussprach, das Schreiben veröffentlichen zu dürfen, war eine gewichtige Stimme. Sein Brief und Arendts Antwort wurden sodann auch mehrfach publiziert. Zuerst im *Mitteilungsblatt*[73], nachfolgend auf Scholems Wunsch in der *Neuen Zürcher Zeitung*.[74] Eine englische Übersetzung erschien im *Encounter*.[75] Arendt hatte an keine Veröffentlichung gedacht und willigte nur widerstrebend ein.[76] Der *Aufbau* und *Die Welt* druckten die Briefe gleichfalls ab.[77]

In den USA erschien eine Flut von Aufsätzen, Artikeln und Leserbriefen in vielen Publikationsorganen. Auch Symposien[78] wurden anberaumt, gar amerikanische Rabbiner von der *Anti-Defamation League* aufgefordert, in den Gemeinden gegen Arendt zu sprechen.[79] Sie wurde »eine Zeitlang Feind Nummer Eins des amerikanisch-jüdischen Publikums«.[80]

Besondere Aufmerksamkeit fand die Rezension von Michael A. Musmanno, vormals Vorsitzender Richter im sogenannten Einsatzgruppen-Prozess vor dem amerikanischen Militärgerichtshof in Nürnberg, Autor populärwissenschaftlicher Bücher und selbsternannter Experte in Sachen Holocaust. Musmanno, der Zeuge im Prozess gewesen war und von Arendt zurecht wegen seiner bodenlosen Überhöhung Eichmanns[81] kritisch dargestellt wurde (EJ, S. 254 ff.), empörte sich über Arendts vorgebliche Minimierung des einstigen SS-Obersturmbannführers. Eichmanns Gewissen, mit dem sich Arendt beschäftigte, war für ihn kein Untersuchungsgegenstand. Er unterstellte ihr gar Sympathie für den Angeklagten. Ihre Skepsis hinsichtlich der generalpräventiven Wirkung von Strafen kommentierte der Jurist niveaulos folgendermaßen: »This, in effect, says that it was a terrible mistake to punish Eichmann at all!«[82]

Auch Joachim Prinz, Präsident des *American Jewish Congress,* griff in die Debatte ein und meinte abwegig, dass »of all the people« Arendt »writes of, Eichmann [...] is the only human being with whom she sympathizes«.[83]

Arendt schmerzte besonders, dass Redaktionen von jüdischen Zeitschriften, in denen sie in der Vergangenheit nicht wenige Beiträge veröffentlicht hatte, Rezensenten auswählten, die es übel mit ihr meinten. Ein solcher Fall war der Aufsatz von Lionel Abel in *Partisan Review*. Bar aller Sachkenntnis bezichtigte der Dramatiker, Theaterkritiker und Essayist Arendt der Verharmlosung und Bagatellisierung Eichmanns und hielt ihr einen ästhetischen Ansatz vor. Abel stützte sich in seiner Polemik auf zwei Kritiker Arendts (Jacob Robinson und Marie Syrkin) und setzte sich einzig mit Arendts Kritik an den Judenräten und ihrem Eichmannbild auseinander. Die Herausgeber der Zeitschrift betonten in ihrer »Editor's Note«, Abels Text sei keine Besprechung, sondern »frank polemic«.[84] Für Abel war Eichmann nichts als ein Monster, das Arendt aus vorgeblicher Zuneigung vermenschlicht, zu einem bloßen Bürokraten und Funktionär verniedlicht habe.[85] Gewichtiger als Abels Beitrag war der Text von Daniel Bell in der folgenden Nummer der Zeitschrift. Er erörterte sachlich die von Arendt angeschnittenen, freilich nicht beantworteten Fragen und wies Abels hanebüchene Auslassungen zurück.[86] Mary McCarthy sah sich veranlasst, der angegriffenen Freundin beizustehen, und bewertete Abels Beitrag »as a document in the hate campaign against Miss Arendt and one of the worst«.[87] Den drei Beiträgen schlossen sich weitere an.[88] Auch Norman Podhoretz gesellte sich zu Arendts scharfen Kritikern. Er hielt ihr »the pursuit of brilliance« vor und meinte, »intellectual perversity«[89] diagnostizieren zu können.

Da Arendt im Verlauf des Spätsommers an Universitäten unter den jüdischen Studenten viel Resonanz fand, verfestigte sich bei ihr immer mehr der Eindruck, »die ganze Geschichte ist nahezu ausschließlich eine Sache bezahlter Funktionäre, und diese haben sehr große Schichten auch des jüdischen Volkes keineswegs mehr in der Hand. Auch handelt es sich ausschließlich um die ältere Generation.«[90] Insofern meinte sie bezüglich des Umgangs mit der Vergangenheit, »eine Parallele zu den deutschen Verhältnissen«[91] feststellen zu können. Ihre provokante Rede von der »unbewältigten Vergangenheit« bei Deutschen und Juden sah sie durch die Reaktionen auf ihr Buch bestätigt. Arendts Einschätzung der inszenierten Kampagne wurde von Woche zu Woche schärfer. Im September 1963 schrieb sie an McCarthy, in New York sei »der – intellektuelle und sonstige – Mob erfolgreich« gegen sie »mobilisiert worden«.[92]

Arendts Gegner boten selbst Chefankläger Gideon Hausner auf, um in den USA die Kritiker zu unterstützen.[93] Aus Jerusalem reiste auch einer der Vize-Präsidenten des *Council,* der Philosoph Ernst Simon, an, der in der Broschüre *Nach dem Eichmann-Prozess* bereits umfänglich gegen Arendt Stellung genommen hatte. Seine Arendt-

Kritik wurde in *Die Kontroverse* nachgedruckt und erschien auch in englischer Übersetzung.[94]

Die befehdete Reporterin hatte das Gefühl, man wolle sie »in der akademischen Welt unmöglich«[95] machen, und sprach auf die gesamten Anfeindungen gemünzt von »Rufmord«.[96] Im Brief vom Oktober 1963 an Jaspers heißt es mit Blick auf die von Kempner, May und anderen vorgetragenen Bedenken: »Augenblicklich wird die deutsche Ausgabe als ungeheuer gefährlich dargestellt, da ich die Deutschen exkulpiert hätte – Implikation: die Wiedergutmachung steht auf dem Spiel!«[97] Ein bedrohliches Szenario schien sich in Arendts Vorstellung aufzubauen: der Staat Israel gegen Hannah Arendt, denn sie glaubte gar, »Briefe von mir und an mich« würden nicht mehr ankommen[98] und es handele sich um »eine politische Kampagne, geführt und in allen Einzelheiten geleitet von Interessengruppen und Regierungsstellen«.[99]

Aus dem Sturm im Wasserglas war eine existenzielle Krise geworden, denn kein »einziger Jude« wagte es nach Arendts Einschätzung mehr, »öffentlich für mich einzutreten, auch wenn er absolut für mich ist«.[100] Insofern war der oben erwähnte Artikel von Joseph Maier eine durchaus mutige Ausnahme. Die fatale Zweiteilung Jude-Nichtjude kam in der Kampagne wieder auf. Abgründige, längst überwunden geglaubte Identitätsfragen stellten sich neu. Geradezu verzweifelt vertraute Arendt Jaspers an: »Daß ich von der Zweiteilung Juden – Goien gesprochen habe, ist unverzeihlich, und daß ich sie nicht beachtet habe, noch unverzeihlicher. Es ist beides, das uralte odium humani generis und die furchtbare uralte Angst, die durch Hitler und Auschwitz wieder virulent geworden sind.«[101]

Bemerkungswert an den in wichtigen US-amerikanischen Zeitschriften erschienenen Beiträgen ist, dass sich offenbar viele berufen und gedrängt sahen, zu Arendt Stellung zu nehmen, auch wenn sie nicht so recht vom Fach waren. Ohne Kenntnis des Prozesses und seiner Materialien wurden meist Argumente ad hominem vorgetragen. Selbst einigermaßen um Sachlichkeit bemühte Schreiber meinten, dass »regardless of its merits the book is the work of what Germans call a *Besserwisser* – a know-it-all, or know-it-better«.[102]

Im *Yad Vashem Bulletin* erschien im März 1964 unter dem Titel »Eichmann in New York« ein haarsträubender Angriff auf Arendt. Keine Missdeutung und Fehlinterpretation scheuend meinte der Kritiker, ihr vorhalten zu können, sie mache die Juden »themselves responsible for their tragic fate under the Nazi regime« und sie komme zu dem Schluss, »that the Jews were a people of ›collaborators‹ with the Nazi regime, which exploited the Jewish institutions and leaders to implement its [›]final solution‹ of the Jewish problem«.[103] Mit ihrem Bericht leiste Arendt dem Neo-Nazismus Vorschub und sie habe »secured considerable popularity and even admiration among the Nazis, neo-Nazis and anti-Semites, who regard her Report as most important in reducing their own criminal responsibilities and in charging actually the victims with the responsibility for the holocaust«.[104]

Arendt überstand die schwere, außerordentliche und auch vielsagende Zeit ab März 1963 und hatte sich, wie sie an ihre wichtige Stütze Jaspers schrieb, im Verlauf der Auseinandersetzung »eine Haut zugelegt, die einem Elefanten alle Ehre machen würde«.[105]

In der Bundesrepublik begann die Debatte um das Buch, noch ehe Arendts Verlag die deutsche Ausgabe im September 1964 vorlegen konnte. Der Autor Robert Neumann, der Anfang der 1960er Jahre verdienstvolle Publikationen[106] herausgebracht hatte, meinte gegenüber Arendts Verleger bereits Mitte 1963, die in Arendts Buch gegebene »Präsentation der jüdischen ›Mitschuld‹ an der Endlösung« könne in Deutschland »Schaden anrichten«, denn »die Schuldigen und die Legion der Mitwisser« suchten »nur nach einer« vorgeblich von Arendt geöffneten »emotionellen Hintertür [...] um sich freisprechen oder doch jedenfalls weitgehend entlasten zu können«.[107]

Ein schwerlich für den dargestellten Gegenstand Berufener wie Golo Mann platzierte Ende 1963 in der von ihm mitherausgegebenen Zeitschrift *Neue Rundschau* eine böse Polemik.[108] Die Wochenzeitung *Die Zeit* druckte sie im Januar 1964 nach.[109] Der Historiker besaß die Unverfrorenheit, die deutsche Ausgabe des Buches verhindern zu wollen. Durch Arendts Kritik an den Judenräten sah Mann die abwegige Befürchtung aufkommen, man werde demnächst vielleicht »in Deutschland zu hören bekommen«, die Juden hätten »sich selber verfolgt und selber ausgemordet« und »nur zufällig« seien »auch ein paar Nazis mit dabei«[110] gewesen. Der Rezensent muss Arendts Darstellung der »Beteiligung aller deutschen Ämter und Behörden an der ›Endlösung‹ [...], der Komplicität der gesamten Beamtenschaft in den staatlichen Ministerien, der Wehrmacht und des Generalstabs, der Justiz, der Industrie und der Wirtschaft« (EJ, S. 44) und ihre vehemente Kritik am Umgang des Adenauer-Staats mit der »unbewältigten Vergangenheit« überlesen haben. In einem Brief spricht Arendt von Manns »schiere[r] und eigentlich unbegründete[r] Bösartigkeit«.[111] Der Historiker meinte auch, Arendt vorhalten zu können, sie habe »lukrative Artikel in Witz-Zeitschriften«[112] platziert.

Die Besorgnis, Arendts Eichmann-Darstellung könne für die Deutschen eine Entlastung darstellen, hatte auch Heinrich Grüber (Zeuge im Eichmann-Prozess und von Arendt kritisch gezeichnet (EJ, S. 166 f.)) in einem Schreiben an den Intendanten des Westdeutschen Rundfunks formuliert. Er äußerte seine Sorge, Arendts Buch werde »den ›Verniedlichern‹ ein gefundenes Fressen sein«.[113] Der befürchteten verheerenden Wirkung auf die ohne Zweifel zum Schlussstrich neigenden Deutschen sollte publizistisch, zum Beispiel durch Rundfunkbeiträge, vorgebeugt werden. In der *Allgemeinen Wochenzeitung der Juden in Deutschland* veröffentlichte Grüber auf Bitte der Redaktion Anfang Januar 1964[114] eine »Stellungnahme«, die auch Eingang in das noch zu erwähnende Anti-Arendt-Buch *Die Kontroverse* fand. Als *Eichmann in Jerusalem* im Herbst 1964 auf Deutsch erschien, ließ er seinen Text abermals drucken.[115] Grüber wusste zu berichten, dass er oft »in Deutschland und im Ausland zu dem Buch von Frau Hannah Arendt ›Report in Jerusalem [sic] – Report on the Banality of Evil‹ angesprochen worden« sei, er sich aber wohlweislich zurückgehalten habe: »Es geschah im wesentlichen aus dem Grund, um diese mit so großer Leidenschaft geführten Auseinandersetzungen nicht noch zu verschärfen und vor allen Dingen auch zu verhindern, daß ein noch größeres Kauf- und Leseinteresse geweckt würde für ein Buch, das m. E. besser nicht geschrieben worden wäre.« Eine Veröffentlichung hielt er »gerade in dem gegenwärtigen Augenblick, wo noch soviel Wunden bluten, gelinde gesagt für sehr ungeschickt«. Er beklagte Arendts »mangelnde[s] Verständnis für die führenden Männer aus dem deutschen Judentum« und stellte ihr die Frage, »warum sie selbst nicht ein persönliches Opfer gebracht« habe. Auch sprach er ihr »das Recht« ab, »über die Zusammenarbeit der jüdischen Menschen mit den SS-Funktionären zu urteilen«.[116] In seinem Eifer ließ Grüber nicht nach und redete Arendts Verleger ins Gewissen. Gegenüber Klaus Piper meinte er, der Verlag erweise mit der Publikation von Arendts Buch »dem deutschen Volk [...] einen schlechten Dienst«. »Schriften« wie dieses Buch

»verfälschen oder verniedlichen [...] die Vergangenheit« und leisten »uns und vor allen Dingen der Jugend einen sehr schlechten Dienst«.[117]

Einfluss auf Arendts deutschen Verlag wollte auch der Herausgeber der *Allgemeinen Wochenzeitung der Juden in Deutschland*, Karl Marx, nehmen. In einem Brief samt Anlage an Piper erhoffte er sich, Änderungen in Arendts Buch erwirken zu können. Im Fall der Vergeblichkeit seines Einspruchs sah er Unheil aufkommen: »Die Sache wäre schlecht für die Juden, aber sie würde auch sicherlich den nationalsozialistischen Kräften, die wir ja bedauerlicherweise immer noch haben, neuen Auftrieb geben.«[118]

Eine überzeugende und unaufgeregte Stellungnahme verfasste der Frankfurter Jurist und Historiker Paul Arnsberg noch vor dem Erscheinen der deutschen Ausgabe. Im Gegensatz zu anderen jüdischen Stimmen betonte er, leider zunächst an etwas abgelegener Stelle, neben aller Kritik auch die Verdienste Arendts.[119] Im *Rheinischen Merkur*[120] meldete er sich erneut zu Wort. Arnsberg scheute in seinem profunden Beitrag nicht davor zurück, Arendts Kritiker, mochten sie Gershom Scholem, Ernst Simon oder Golo Mann heißen, zu kritisieren. Zur Broschüre *Nach dem Eichmann-Prozess* merkte er an: »Ton und Inhalt entsprechen der gleichgeschalteten Apologetik und Kritik.«[121]

Ein Vorkommnis der besonderen Art dürfte es gewesen sein, dass ein deutscher Verlag bestrebt war, einen Band mit gesammelten Kritiken noch vor der deutschen Ausgabe von Arendts Buch dem Lesepublikum zu präsentieren.[122] Das Zustandekommen dieses Buches ist noch unerforscht. Arendt vermutete Jaspers gegenüber, Siegfried Moses (ihr »alter Bekannter«) habe das »Pamphlet« bei der Nymphenburger Verlagshandlung eingefädelt.[123] Wie tendenziös die Publikation war, wie groß offenbar auch das Rechtfertigungsverlangen von führenden Kräften in der *Reichsvertretung,* zeigt der Umstand, dass fünf kritische Artikel aus dem *Aufbau* aufgenommen wurden, nicht aber der in der Halbmonatsbeilage des *Aufbau* erschienene, Arendt zustimmende Artikel von Joseph Maier.[124]

Als zur Frankfurter Buchmesse im September 1964 Arendts Buch auf Deutsch erschien, hielt ihr Verlag eine Pressekonferenz ab. Robert M. W. Kempner ließ es sich nicht nehmen, auf der Veranstaltung zu erscheinen. Es war Arendt, die dafür eintrat, dass der wohlbekannte Arendt-Kritiker nicht des Saales verwiesen wurde.[125] Laut einem Pressebericht im *Aufbau* trug der streitbare Jurist erneut seine Kritik vor und wies auf die »zahlreichen sachlichen Fehler«[126] hin. Zur Buchmesse erschien Friedrich Karl Frommes Besprechung in der *Frankfurter Allgemeinen Zeitung.* Der Rezensent äußerte die Befürchtung, »das ›Kontroverse‹-Bändchen, mit seinen oft nicht nur einseitigen, gelegentlich auch zänkisch-kleinlichen Kritiken« könnte »das Buch von Hannah Arendt aus der Lesergunst« verdrängen.[127] Die Sorge war gegenstandslos. Arendt reüssierte trotz aller Anstrengungen ihrer Kritiker. Fromme hielt es auch für wenig wahrscheinlich, dass Arendts »›banale[r]‹ Eichmann als ein gerechtfertigter Eichmann mißverstanden« werden könne, und wies die vielen Fehldeutungen von Arendts Werk zurück.

Ein Fachmann wie der Politologe und Historiker Wolfgang Scheffler, der den Eichmann-Prozess als wissenschaftliches Mitglied der Bonner Delegation beobachtet und die erste, wenn auch noch schmale Monografie eines deutschen Wissenschaftlers über die Judenverfolgung[128] vorgelegt hatte, meldete sich kenntnisreich, sachlich und zugleich kritisch zu Wort.[129] Scheffler, den man mit gutem Grund den ersten nichtjüdischen deutschen Holocaust-Forscher[130] nennen kann, sparte nicht mit Kritik an Arendt. Hinsichtlich ihrer Darstellung der Mitwirkung einer »jüdischen Polizei« bei der Deportation der Berliner Juden merkt er zum Beispiel an, dass bei Arendt »Fakten, Halbwahrheiten und nicht Existentes vermengt werden, nur um die Generalthese in aller Schärfe beweisen zu können«, eben Arendts Behauptung beziehungsweise »Schlussfolgerung« der nahezu durchgängigen Kooperation von Judenräten und Judenpolizei.[131] Andererseits widersprach der Historiker einem Kritiker wie Musmanno, dessen Besprechung ihm »ein Musterbeispiel unsachlicher Auseinandersetzung«[132] war.

Die *Allgemeine* bot nach dem Erscheinen der deutschen Ausgabe H. G. Adler auf, dessen Theresienstadt-Buch für Arendt eine wichtige Lektüre gewesen war. Adler kaprizierte sich auf einige umstrittene Stellen und ließ kein gutes Haar an der Berichterstatterin. »Dilettantismus« hielt er ihr vor und resümierte: »Leider enthält ihr Buch eine Fülle von Nachlässigkeiten, geringen und wichtigeren Fehlern, aber auch groben und gröbsten Irrtümern, die zu oft Frau Arendt zum Beweise dienen.«[133]

Im Nachrichtenmagazin *Der Spiegel* erschien von einem fachfremden Autor eine Besprechung. Alexander Mitscherlich äußerte sich positiv zum vieldiskutierten Werk.[134] Die Veröffentlichung der vom *Spiegel* bei dem Historiker Joseph Wulf bestellten Rezension lehnte das Magazin ab.[135] Gegenüber Jaspers hatte Arendt über Wulf, dessen ab 1955 erschienene Dokumentensammlungen sie teilweise kannte, allerlei abwegige Vermutungen angestellt.[136]

Das Münchner Institut für Zeitgeschichte beauftragte erstaunlicherweise den Schriftsteller, Literaturkritiker und einstigen SS-Angehörigen[137] Hans Egon Holthusen, zu Arendt, Eichmann und ihren Kritikern einen Text für die renommierte Hauszeitschrift zu schreiben.[138] Eine Besprechung des Buches durch eine Fachkraft erachtete das Institut offenbar für nicht opportun. Durch die Wahl des Rezensenten drückte die in der bayrischen Hauptstadt versammelte Zunft, zum Teil von ihrer eigenen unbewältigten Vergangenheit gehemmt, ostentativ ihre Missachtung des Arendtschen Werkes aus.

Auch in den Jahren nach dem Erscheinen des Buches riss die Kritik nicht ab. So meinte Jean

Améry in seinem Vorwort zu Günther Deschners Bildband *Menschen im Ghetto*, Arendt habe ein »bemerkenswert verständnislose[s] und nicht einmal relevante Sachkenntnis enthaltende[s] Eichmann-Buch«[139] geschrieben.

Der durch den Eichmann-Prozess erst so recht zu Bewusstsein gekommene Typus des bürokratischen Verwaltungsmassenmörders war auch für die deutsche Strafrechtswissenschaft eine Herausforderung, die Angemessenheit ihres in NS-Verfahren implizit zum Ausdruck kommenden Täterbegriffs zu prüfen.[140] Doch nur wenige bundesdeutsche Juristen äußerten sich zum Jerusalemer Verfahren.[141] Herbert Jäger, der 1967 eine bedeutende Untersuchung zu den nationalsozialistischen Verbrechen[142] vorlegte, hatte den Eichmann-Prozess verfolgt und noch vor dem höchstrichterlichen Urteil im Revisionsverfahren einen Rundfunkvortrag zum Verfahren veröffentlicht.[143] Jäger wandte sich auch an Arendt und bat um Erläuterungen ihrer Ausführungen.[144] In einer Sammelrezension ging der Tübinger Strafrechtswissenschaftler Jürgen Baumann, der sich bereits in der renommierten *Juristenzeitung* ausführlich zum Eichmann-Prozess[145] geäußert hatte, auf Arendt und die Kontroverse ein.[146]

Bei den mit NS-Verbrechen befassten Justizjuristen fand der Prozess jedoch kaum Beachtung. Bereits vor dem Ende des Verfahrens stellte Oberstaatsanwalt Erwin Schüle, Leiter der 1958 gegründeten Zentralen Stelle der Landesjustizverwaltungen zur Aufklärung der nationalsozialistischen Gewaltverbrechen, fest: »Der Eichmann-Prozeß hat für die deutschen Justizbehörden insgesamt keine sensationell neuen Erkenntnisse gebracht. Es hat sich gezeigt, daß sämtliche im Prozeß zur Sprache gekommenen Straftaten bei Staatsanwaltschaften der Bundesrepublik bereits anhängig waren. Es war daher nicht notwendig, auch nur ein einziges Verfahren neu einzuleiten.«[147] Schüle stützte sich auf die Berichte, die der von der Frankfurter Staatsanwaltschaft und der Zentralen Stelle nach Jerusalem entsandte Staatsanwalt Dietrich Zeug verfasst hatte.[148]

1965 legte sodann Jacob Robinson ein 406 Seiten starkes Anti-Arendt-Buch vor.[149] Bereits wenige Wochen nach der amerikanischen Erstausgabe hatte der Jurist im Organ der *Anti-Defamation League of B'nai B'rith* seine erste Aufstellung von Arendts Fehlern veröffentlicht.[150] Zusammen mit einem Team von Rechercheuren examinierte er Arendts Buch und legte jeden Satz auf die Goldwaage. Unstrittig hat Robinson Nachlässigkeiten, Ungenauigkeiten, Fehler und Missdeutungen gefunden. In einem Brief an Jaspers meinte die viel Gescholtene und gelegentlich auch recht Uneinsichtige, die Arbeit an Robinsons Buch sei von der *Conference on Jewish Material Claims Against Germany* finanziert worden. Ihren Informationen nach hätten »vier schlehmilige ›Researcher‹« zwei »volle Jahre lang ihre ganze Zeit auf diesen Schund gegeben, mit dem Erfolg, daß wohl niemand mehr das ganze Manuskript gelesen hat, da es von inneren Widersprüchen nur so wimmelt«.[151] Robinson erlag dem Missverständnis, Arendts Buch für ein Geschichtswerk und nicht für einen Prozessbericht zu halten. Er maß es an den von Arendt nicht herangezogenen Dokumenten, meist abgefasst in ihr nicht geläufigen Sprachen. Stolz wies er in seinem Vorwort darauf hin, er habe für seine Darstellung Dokumente »in eighteen different languages«[152] herangezogen. Anders als Arendt hat der Kritiker dem Prozess umfänglich beigewohnt. Er hätte auf der Basis der im Verfahren vorgelegten Beweismittel Arendts Bericht kritisieren, ihre Auswertung der Prozessunterlagen kritisch untersuchen können. Stattdessen verlor sich Robinson in Einzelheiten und Kleinlichkeiten, wusste das Wichtige vom Irrelevanten nicht zu unterscheiden. Arendt zum Vorwurf zu machen, sie hätte nicht alle verfügbaren Dokumente und alle vorliegende Literatur berücksichtigt, verfehlte ihre Intentionen vollkommen.

Im Rückblick auf die Arendt-Kontroverse, in die er selbst involviert war, meinte Walter Laqueur, Robinsons Buch sei »the most detailed and ambitious, but in many respects least effective reply to Hannah Arendt«[153] gewesen.

Seine Besprechung von Robinsons Buch[154] animierte Arendt dazu, ausführlich auf den oberlehrerhaften Kritiker Robinson, der im Eichmann-Prozess juristischer Berater der Anklagevertretung gewesen war, einzugehen.[155] Arendts Replik hatte wiederum Leserbriefe zur Folge. Nicht nur

Laqueur[156] äußerte sich nochmals. Auch Arendt sah sich gedrängt, auf Zuschriften einzugehen.[157]

Robinsons Studie sollte gut 50 Jahre später noch eine Ergänzung finden. Yaacov Lozowick, Archivdirektor der Gedenk- und Forschungsstätte Yad Vashem, legte eine Untersuchung zu Hitlers Bürokraten vor, in der er sich wiederholt kritisch mit Arendt auseinandersetzte.[158] Sein Anti-Arendt ist ein erstaunlicher Rückfall in die längst überwunden geglaubte Dämonisierung Eichmanns. Bei Eichmann und seinen Männern handelte es sich Lozowick zufolge keineswegs um normale und banale, vielmehr um mit Vorsatz und Überlegung, aus ideologischem Eifer handelnde »Bürokraten des Bösen«.[159] Das »Modell«[160] bzw. die »Metapher vom Bergsteigen«[161] verwendend (im Gegensatz zu der gängigen Rede vom unverschuldeten Geraten auf die schiefe Bahn) meint Lozowick weiter: »Genausowenig, wie ein Mensch zufällig auf den Gipfel des Mount Everest gelangt, so wenig wurden Eichmann und seine Schergen aus Zufall zu Mördern an den Juden; und ebensowenig haben sie geistesabwesend gehandelt und auch nicht in blindem Gehorsam und nicht als kleines Rad in einer großen Maschinerie. Sie haben hart gearbeitet, intensiv nachgedacht und für viele Jahre die Führung übernommen. Sie waren Alpinisten des Bösen«.[162] Letztendlich hält der Autor Arendt vor, mit ihrer Rede von der Banalität des Bösen die Shoah mit einer einfachen, leicht nachvollziehbaren Erklärung konsumierbar gemacht zu haben.

Arendts Eichmann-Bild schmälere zudem »das Menschsein der Mörder« und minimiere »ihre Verbrechen«.[163] Mit Bedauern konstatiert der Autor, Arendts verfehlte Idee sei »zu einem permanenten Bestandteil des westlichen Bewußtseins, zu einem Kernstück der modernen Kultur«[164] geworden. Gegen diese behauptete unerfreuliche Wirkung von Arendts Werk schrieb Lozowick ein halbes Jahrhundert nach dessen Erscheinen streitbar an.

1. Die Anklagevertretung und ihre Strategie

Arendts Kritik an Chefankläger Gideon Hausner wurde als antizionistische, im Grunde israelfeindliche Polemik interpretiert. Dass Arendt den Prozess im Rahmen der Verfahrensordnung geführt wissen wollte, ist mit Unverständnis quittiert worden. Ihrer Ansicht nach machte die Anklage den Strafprozess zur Bühne, auf der mit rhetorischem Aufwand und durch ausgesuchte, gründlich vorvernommene Zeugen die Leiden des jüdischen Volkes, das Verbrechensgeschehen der Shoah, aus geschichts- und erinnerungspolitischen Gründen dargeboten wurde.[165] Hausner zögerte auch nicht, in seinem Buch über den Eichmann-Prozess in decouvrierender Offenheit zu schreiben: »Nach vorheriger Aussonderung sprach ich dann mit denjenigen, die nicht allzusehr auf den Mund gefallen zu sein schienen, und wählte schließlich die Leute aus, die später vor Gericht aussagen würden.«[166] Weiter meinte er, zum Zweck einer großen Geschichtserzählung habe er eine »buntgemischte Folge von Menschen in den Zeugenstand«[167] gerufen. Hausner ging es bei der Auswahl der Zeugen fraglos auch um die Zuverlässigkeit und Glaubwürdigkeit der Aussagen. Dies war der vorrangige Grund, warum er Überlebende auswählte, die bereits Zeugnisse vorgelegt hatten. Er meinte durchaus nachvollziehbar: »Natürlich mußten wir auch auf die Möglichkeit achten, daß Menschen, die jetzt aufgefordert wurden, Ereignisse erzählten, die sechzehn oder zwanzig Jahre zurücklagen, Fehler begingen. Aus diesem Grund zogen wir es vor, diejenigen Zeugen heranzuziehen, die ihre Erklärungen schon vor langer Zeit im Yad-Vashem-Institut hinterlegt oder ihre Erinnerungen in veröffentlichten oder unveröffentlichten Werken festgehalten hatten, da sich ihr Gedächtnis durch ihre Niederschriften leichter auffrischen ließ. Aus diesem Grund wurde eine Anzahl von Schriftstellern, die Bücher über ihre Erlebnisse geschrieben hatten, in den Zeugenstand gerufen. Wir stellten fest, daß diese Schriftsteller meist eine gute Beobachtungsgabe besaßen und ihre Tatsachenangaben vor der Veröffentlichung sorgfältig nachprüften.«[168]

Nach welchen Kriterien die Auswahl von Auschwitz-Überlebenden erfolgte, wäre jedoch noch zu untersuchen. Auffällig ist, dass unter den Auschwitz-Zeugen kein Überlebender des Sonderkommandos von Auschwitz-Birkenau war.[169] Wurden sie nicht geladen, weil ihnen noch der Vorwurf der Kollaboration anhing? Waren sie in den Augen der Anklagevertreter moralisch fragwürdige Nazi-Helfer gewesen? Gegenüber den Überlebenden der Vernichtungslager Chełmno, Treblinka und Sobibór gab es hingegen keine Vorbehalte. Diese von der SS als »Arbeitsjuden« eingesetzten Häftlinge waren die einzigen Überlebenden dieser Todeslager. Ihr »Mitmachen« im Vernichtungsprozess konnte schwerlich tabuisiert werden, zumal die wenigen Davongekommenen der Aufstände in Treblinka (August 1943) und Sobibor (Oktober 1943) als Helden galten.[170]

Tausende von Überlebenden hatten sich bei der Anklagevertretung »freiwillig gemeldet« oder waren von Opferverbänden (Landsmannschaften) vorgeschlagen worden, um im bevorstehenden Prozess Zeugnis abzulegen.[171] Es gab mithin vonseiten der Überlebenden einen erheblichen Druck auf die Generalstaatsanwaltschaft, den Opfern angemessenes Gehör zu verschaffen, sie zu Wort kommen zu lassen.[172] Diesem Verlangen der Opfer, die in Israel bis zum Eichmann-Prozess einen schweren Stand gehabt hatten, wollte und konnte sich der anklagende Vertreter des Staates nicht entziehen.[173] Hanna Yablonka schreibt über Hausner zurecht: »As far as he was concerned, it was the trial of the Holocaust and he had been anointed spokesman for the victims, at first self-appointed but then appointed by the public, too.«[174] Hausners Ansatz, im Unterschied zum Nürnberger Verfahren gegen die sogenannten Hauptkriegsverbrecher, war im Land der Opfer eine historische und politische Notwendigkeit. Nicht allein Dokumente, die Opfer sollten gegen Eichmann zeugen.[175]

Arendt missfiel nicht nur aus rechtsstaatlichen Gründen die Instrumentalisierung des Strafverfahrens zu volkspädagogischen und politischen Zwecken. Für sie waren Recht und Politik klar zu unterscheiden. Weder sollte in einem Rechtsverfahren Geschichte[176] noch Politik gemacht werden. Sie schrieb deshalb voller Ablehnung vom inszenierten »Zeugenaufmarsch« (EJ, S. 269), von der »endlose[n] Prozession von Zeugen« (EJ, S. 250). Das Gericht, mit der Strategie der Anklagevertretung keineswegs übereinstimmend, konnte sich der von Hausner orchestrierten (Arendt zufolge von Ben Gurion, dem »unsichtbare[n] Regisseur« (EJ, S. 28) gewollten) Inszenierung nur unzureichend erwehren (EJ, S. 253).[177] Am Tag ihrer ersten Abreise (6. Mai 1961) schrieb sie an Blücher: »Der Prozeß ist ein wirklicher Schau-Prozeß, und es wird viel gezeigt, womit Eichmann nicht das geringste zu tun hatte. Z. B. alle Vorkommnisse in Polen. Der Prozeß wird ganz offenbar durch den Staatsanwalt von Ben Gurion persönlich geleitet.«[178]

Arendts hellsichtige Bewertung der Anklage und der politischen Hintergründe des Prozesses[179] sind seit langem Konsens in der Zeitgeschichtsforschung.[180] Ihre Feststellung, die Anklage habe eine »ausgesprochene Vorliebe [...] für prominente Zeugen« (EJ, S. 269) gehabt, wird von Tom Segev bestätigt, der schreibt, Hausner habe »bekannte Zeugen, deren Erlebnisse schon publiziert worden waren«,[181] bevorzugt. Wie gesehen, hat der Ankläger für seine Vorgehensweise nachvollziehbare Gründe ins Feld geführt.

David Ben Gurion hatte im *New York Times Magazine* und anderswo (EJ, S. 33) den Fahrplan für den Prozess vorgegeben. Eichmann war ihm schlicht »Hitler's main instrument«.[182] Den außerrechtlichen Zweck des Prozesses benannte er ungeschminkt: »[…] one of our motives in bringing Eichmann to trial is to make the details of his case known to the generation of Israelis who have grown up since the holocaust. It is necessary that our youth remember what happened to the Jewish people. We want them to know the most tragic facts in our history, the most tragic facts in world history. I don't care whether they want to know them; they ought to know them. They should be taught the lesson that Jews are not sheep to be slaughtered but a people who can hit back – as Jews did in the War of Independence.«[183]

Um eine nachhaltige Geschichtslektion zu erteilen, um eine starke Breitenwirkung zu erzielen, wurde die Verhandlung gefilmt, der O-Ton mitgeschnitten und im Radio übertragen. An Straßen und Plätzen installierte Lautsprecher ermöglichten den Passanten das Mithören.[184] Für das Fernsehen in aller Welt filmte die *Capital Cities Broadcasting Corporation* des Produzenten Milton A. Fruchtman unter der Regie von Leo Hurwitz den Prozess. Das Gericht hatte nach einigem Zögern den Filmaufnahmen zugestimmt.[185] Die englischsprachige Simultanübersetzung aus dem Hebräischen wurde den Filmaufnahmen unterlegt.[186] Auch das Deutsche Fernsehen berichtete ausführlich und fundiert über das Verfahren.[187]

Die Tatsache, dass die Verhandlung mitgeschnitten und gefilmt wurde, hat ohne Zweifel zu Gideon Hausners oft theatralischem Auftreten, das erstaunlicherweise nicht nur gegenüber dem Angeklagten, sondern auch gegenüber den Opferzeugen häufig inquisitorischen Charakter hatte, beigetragen. Hausner agierte zweifelsfrei in dem Gefühl, dass die Augen der Welt auf ihn, den selbsternannten Vertreter der sechs Millionen ermordeten Juden, gerichtet waren.

Obgleich Arendt die aufklärerischen Intentionen der Anklagevertretung nicht für illegitim, wenn auch für rechtlich bedenklich hielt, beharrte sie auf ihrem Standpunkt, in dem Strafprozess dürfe es einzig und allein um Recht und Gerechtigkeit (EJ, S. 25), aber nicht um Politik und volkspädagogische Ambitionen gehen.[188] Ihre Wahrnehmung, einige Zeugen, nur unzureichend von der Staatsanwaltschaft geleitet, hätten sich wie »Versammlungsredner auf einem Meeting unter dem Vorsitz des Generalstaatsanwalts« (EJ, S. 157) aufgeführt, muss jedoch als überzogen gelten. Dem in öffentlichen Auftritten geübten Widerstandskämpfer und Poeten Abba Kovner hielt sie vor, eine »Ansprache ans Publikum« (EJ, S. 275) gehalten zu haben.[189]

Ob von Arendt unbemerkt blieb, dass der Eichmann-Prozess durch die Strategie der Anklage die »Geburt« bzw. die »Ära des Zeugen«, des seine Leidensgeschichte erzählenden Holocaust-Überlebenden hervorbrachte[190] und darüber hinaus eine zweite, nachholende, öffentlich wahrgenommene

Befreiung bedeutete, eine Befreiung aus dem Gefängnis der eingeschlossenen, verschwiegenen Erinnerung, muss offenbleiben. Unstrittig ist aber Arendts Standpunkt, dass Zeugen in einem rechtsstaatlichen Strafprozess vorrangig über die konkreten, dem Angeklagten zurechenbaren Taten auszusagen haben. Auch das Jerusalemer Bezirksgericht in seinem Urteil vom 15. Dezember 1961 war dieser Auffassung.[191]

Arendts Kritiker übersahen weiterhin ein Argument, mit dem die Prozessberichterstatterin vollkommen Recht hatte. Hätte die Anklage neben Eichmanns nachweisbaren Taten auch das Gesamtgeschehen der NS-Vernichtungspolitik zum Prozessstoff gemacht, dann hätte sie neben der von Arendt hervorgehobenen »Kooperation« der jüdischen Führung auch »die nahezu allseitige Verstrickung des deutschen öffentlichen Lebens [...] in Geschäfte und Handlungen, die mehr oder weniger direkt mit der Judenausrottung zu tun hatten« (EJ, S. 45), darstellen müssen. Arendt zufolge war »die gesamte tonangebende Gesellschaft auf die eine oder andere Weise Hitler zum Opfer gefallen« (EJ, S. 23). Doch Hausner nahm auf Ben Gurions Geheiß Rücksicht auf die Bundesrepublik. Die »Beteiligung aller deutschen Ämter und Behörden an der ›Endlösung‹ [...], die Komplicität der gesamten Beamtenschaft in den staatlichen Ministerien, der Wehrmacht und des Generalstabs, der Justiz, der Industrie und der Wirtschaft« (EJ, S. 44) waren nicht Gegenstand des Prozesses. Die »Enthüllung der beispiellosen Mittäterschaft aller Schichten der offiziellen [deutschen; W.R.] Gesellschaft an den Verbrechen«, die »Aufdeckung des vollständigen Zusammenbruchs der gängigen moralischen Maßstäbe«,[192] lieferte der Prozess nicht. Stattdessen wurde Eichmanns Rolle[193] von der Anklage maßlos überhöht (EJ, S. 253 f.), die Mitwirkung anderer Akteure und insbesondere die Kollaboration von mit Nazi-Deutschland verbündeten Staaten vernachlässigt, der Nachfolgestaat Bundesrepublik mit seinen NS-belasteten Eliten exkulpiert.[194]

Von der Kritik an Arendts Darlegungen blieb daher auch weitgehend unberücksichtigt, wie scharf die Autorin Adenauer-Deutschland angriff.[195] Die Tatsache, dass die Ahndung der NS-Verbrechen erst spät erfolgte, dass die bundesdeutsche Rechtsprechung NS-Verbrecher meist als bloße Gehilfen qualifizierte und zu milden Freiheitsstrafen verurteilte, benannte Arendt schonungslos (EJ, S. 226).[196] Unzutreffend war indes ihre auch in Israel[197] sehr verbreitete Annahme, die Ergreifung Eichmanns und das von Ben Gurion im Mai 1960 angekündigte Gerichtsverfahren hätten erst die strafrechtliche Aufarbeitung der NS-Verbrechen (EJ, S. 38) in Westdeutschland in Gang gebracht.[198] Gegen Eichmann und andere wurde bereits seit Ende 1956 von der Frankfurter Staatsanwaltschaft ermittelt.[199] Erst der im April 1957 im Rahmen einer Pressekonferenz der Frankfurter Staatsanwaltschaft gegebene Hinweis auf Eichmanns Rolle leitete die spätere Ergreifung des Referenten des SS-Reichssicherheitshauptamtes (RSHA) ein.[200]

In seinem »Nachwort zur aktuellen Ausgabe« von Arendts Buch formuliert Hans Mommsen eine Deutung, die auch die Studie Idith Zertals nahelegt. Für Mommsen »steckt in der Fortführung der Polemik gegen Hannah Arendt [...] insoweit [...] ein gutes Maß an Spiegelfechterei, bei der in Wahrheit nicht die Deutung der Rolle Eichmanns, sondern die Kritik Arendts an der Tendenz im Vordergrund steht, die verhängnisvolle Erfahrung des ›Holocaust‹ primär in den Dienst zionistischer Perspektiven zu stellen, während sie von dem Bestreben bestimmt war, diesen als existenzielle Gefährdung der ›Menschheit‹ als solcher, damit eben nicht nur des jüdischen Volkes zu begreifen.«[201] Arendts universalistische Perspektive auf das deutsche Menschheitsverbrechen widersprach den in Jerusalem praktizierten nationalen Ambitionen.

2. Der Angeklagte und seine Rolle im Vernichtungsprozess

Arendt beschrieb Eichmann als typischen Kleinbürger, der unfähig war zu denken, dem es an Vorstellungskraft mangelte (EJ, S. 59, 78). Ihre Rede von der »Banalität des Bösen«, die ihre Kritiker als Verharmlosung eines vorgeblich dämonischen Massenmörders missverstanden, war der moralphilosophische Versuch, den mediokren Funktionär und Bürokraten, wie er sich im Polizeiverhör und auf der Anklagebank in der Glasbox präsentierte, zu verstehen. Banal war das von Eichmann verkörperte Böse Arendt zufolge, weil der Angeklagte ihr in seinen Einlassungen mittelmäßig und ohne Tiefe erschien. Sie war der Auffassung, die Erscheinung Eichmann in Jerusalem, besser: wie er ihr in den im Sommer 1962 in New York studierten Materialien erschien, allein beschrieben zu haben. So meinte sie gegenüber McCarthy: »Mein ›Grundgedanke‹ von Eichmanns Mittelmäßigkeit ist viel weniger ein Gedanke als eine wahrheitsgetreue Beschreibung eines Phänomens.«[202] Wie oben bereits im Kontext des von Arendt gewählten Brecht-Mottos ausgeführt, kam Eichmann Arendt zufolge keine Größe zu. Jahre nach dem Prozess schrieb sie: »Wie monströs die Taten auch immer waren, der Täter war weder monströs noch dämonisch, und das einzige unverkennbare Kennzeichen, das man in seiner Vergangenheit ebenso wie in seinem Verhalten während des Prozesses und der vorausgehenden polizeilichen Untersuchung entdecken konnte, war etwas vollkommen Negatives: nicht Dummheit, sondern eine merkwürdige, durchaus authentische Unfähigkeit zu denken.«[203] Anderswo heißt es: »Das Böse ist ein Phänomen mangelnder Urteilskraft. Da die Urteilskraft auf Andere reflektiert, ist nur der ›böse‹ Mensch, der nicht urteilt, den Unterschied nicht kennt, zu allem fähig.«[204]

Arendt war mit ihrem Eichmann-Bild durchaus nicht allein. Es gab zum Beispiel deutscherseits weitere kritische Stimmen gegen die bequeme, selbstexkulpierende Dämonisierung der vorgeblich nur wenigen NS-Verbrecher. 1961 schrieb Heinrich Böll über Eichmann: »Der Mann [...] ist kein Mörder; jeder Mörder hat ein Motiv [...] Adolf Eichmann ist nicht krank, er hat seine Opfer wahrscheinlich nicht einmal gehaßt, er ist kein Täter, er hat nur eine Tätigkeit ausgeübt: den Mord vorbereitet und verwaltet; er ist von einer Durchschnittlichkeit, die das Grausige seiner Tätigkeit erst betrachtenswert macht. [...] er ist vollkommen normal – und er ist ein Deutscher.«[205] In seinem auf März 1961 datierten Vorwort zum Kasztner-Bericht, den Arendt gelesen hat und in ihrem Literaturverzeichnis aufführt, schrieb Carlo Schmid: »Im übrigen kommt fast auf jeder Seite des« 1946 vorgelegten Berichts »die Koofmichs-Mentalität des Eichmann, jenes Prachtexemplars der Herrenrasse Hitlers und Himmlers, jener Karikatur auf Nietzsches ›Blonde Bestie‹, ekelerregend zur Selbstdarstellung – jene Banalität im Scheußlichsten, die es einem neuen Höllen-Breughel [sic] oder Goya unmöglich machen würde, Eichmanns Untaten zu malen – jene Banalität auch seiner Selbstbiographie, angesichts derer es sich der Teufel der Bibel verbitten müßte, daß man jenen Eichmann einen Teufel nennt.«[206] Im ersten »Sonderbericht« vom Jerusalemer Prozess meinte der NDR-Journalist Joachim Besser wenige Tage nach Prozesseröffnung, »der moderne Terror trägt keinen Nero-Kopf mehr. Er sieht banal aus, billig, schäbig«.[207] Für den Prozessberichterstatter der *Welt,* Bernd Nellessen, personifizierte sich »die geschichtlich beispiellose Niedertracht [...] in einer banalen Figur«.[208]

Die Wortgleichheit bei der Charakterisierung Eichmanns ist auffällig, auch wenn semantische

Unterschiede beim nämlichen Wortgebrauch zu beachten sind.

Arendt ging es in ihrem Bericht angesichts der Erscheinung Eichmanns um eine Entdämonisierung des Angeklagten.[209] Ihr zufolge war er kein Monster, kein Sadist, kein abgründiger Bösewicht. Wie dem Bösen kam ihm keine Größe zu.[210] Sie spricht sogar davon, Eichmann habe »sich selber entdämonisiert«.[211] Im »Epilog« ihres Buches heißt es: »Das beunruhigende an der Person Eichmanns war doch gerade, daß er war wie viele und daß diese vielen weder pervers noch sadistisch, sondern schrecklich und erschreckend normal waren und sind.« (EJ, S. 326)[212] An den kritischen Freund Gershom Scholem schreibt sie: »Entscheidend ist, dass vollkommen durchschnittliche Leute, die von Natur weder böse noch gut waren, ein so ungeheuerliches Unheil anrichten konnten.«[213] Fanatische, an die NS-Ideologie glaubende Weltanschauungskämpfer, die sich der historischen Mission Hitlers verschrieben hatten, den »jüdischen Volksfeind« um der vorgeblich bedrohten Existenz des deutschen Volkes willen auszurotten, hätten Arendt wohl weniger interessiert.

Auf der Grundlage der Berichte über Eichmanns Hinrichtung Mitte 1962 legte sie am Ende ihres Buches dar, Eichmann habe im Angesicht des Galgens »das Fazit der langen Lektion in Sachen menschlicher Verruchtheit« gezogen, »das Fazit von der furchtbaren Banalität des Bösen, vor der das Wort versagt und an der das Denken scheitert« (EJ, S. 300). Ihre Rede von der Banalität des Bösen in Titelei und Buch greift Arendt in der Vorrede zur deutschen Ausgabe auf und meint erläuternd, in ihrem Prozessbericht sei »die mögliche Banalität des Bösen nur auf der Ebene des Tatsächlichen zur Sprache« gekommen, als »ein Phänomen, das zu übersehen unmöglich war« (EJ, S. 15).[214] Im Gegensatz zu der von der Anklagevertretung praktizierten Dämonisierung des scheinbar allmächtigen »Judenreferenten« im RSHA[215] lehre das Verfahren: »Eichmann war nicht Jago und nicht Macbeth, und nichts hätte ihm ferner gelegen, als mit Richard III. zu beschließen, ›ein Bösewicht zu werden‹« (ebd.).[216]

Arendt meinte im Prozess und beim Studium der Prozessunterlagen die »Lektion« gelernt zu haben, dass »Realitätsferne und Gedankenlosigkeit in einem mehr Unheil anrichten können als alle die dem Menschen vielleicht innewohnenden bösen Triebe zusammengenommen« (EJ, S. 16). Die gewonnene Einsicht war ihr aber eine bloße Lektion, also »weder eine Erklärung des Phänomens noch eine Theorie darüber« (ebd.). Noch in ihrer Einleitung zum posthum erschienenen Werk *The Life of the Mind* hebt sie hervor, hinter ihrer Rede von der Banalität des Bösen stehe »no thesis or doctrine«.[217] Unter Gedankenlosigkeit (»thoughtlessness«) verstand sie das Unvermögen, an der Stelle eines anderen zu denken. Sich nicht vorstellen zu können, was eigentlich mit dem anderen ist, war ihr fehlendes Denkvermögen. Ihre in Jerusalem gelernte »Lektion« brachte sie dazu, in Vorlesungen sich mit der menschlichen

»Geistestätigkeit«[218] zu beschäftigen. 1969 schrieb sie in ihr *Denktagebuch:* »Jemandem, der nicht denkt, zuzumuten, sich moralisch zu verhalten, ist barer Unsinn. Nicht-denken, zum Beispiel sich nicht vorstellen, wie mir zumute sein würde, wenn mir geschähe, was ich einem Anderen tue – das ist das ›Böse‹.«[219]

Eichmanns Selbstminimierung, Selbstverharmlosung, seiner Selbstdarstellung als motivloser, ideologiefreier, einzig befehlsergebener und beflissener Bürokrat, ging Arendt allerdings auf den Leim. Gewiss sprach aus Eichmann, in Klischees und Redensarten, in schwer verständliches Bürokratendeutsch gekleidet, nichts Dämonisches, Tiefgründiges und Radikales. In seinen fortwährend Befehlsgehorsam beteuernden Einlassungen, in seinem wiederholten Hinweis, nie selbstständig und eigenmächtig, sondern immer nur mit Rückendeckung beziehungsweise mit »Abdeckung«[220] durch seine Vorgesetzten, mithin allein nach Richtlinien und auf Anweisung gehandelt zu haben, kam seine Mediokrität und Kleingeistigkeit zum Ausdruck. Stolz sprach er im Polizeiverhör von seinem allumfassenden »Subordinationsvermoegen«.[221] Arendt sah in Eichmann, um mit Christopher Browning[222] zu sprechen, einen »ordinary man«, der durch willige Gleichschaltung im Kreise seiner SS-Kameraden und im Rahmen der verbrecherischen Institution Reichssicherheitshauptamt zum beflissenen Massenmörder ohne Gewissensbisse, ohne Unrechtsbewusstsein geworden war. Die Schwierigkeit bestand für

Arendt darin, »einen Massenmörder zu verstehen, der keinen Menschen getötet hatte« (EJ, S. 259).

Auf den Begriff brachte Arendt ihrem Eingeständnis nach (»das Wort versagte, das Denken scheiterte« (EJ, S. 300)) Eichmann freilich nicht. Das war auch nicht der Anspruch ihres Berichts gewesen.[223] Der »Judenreferent« im SS-Reichssicherheitshauptamt, im Prozess »in einen Menschen verwandelt«,[224] war ihr zufolge ein Akteur, der nicht mehr zwischen Recht und Unrecht (EJ, S. 54) zu unterscheiden wusste, somit bar aller Moralität, aller Urteilsfähigkeit war. Die Unfähigkeit »to tell right from wrong« führte Arendt auf mangelnde »ability to think«[225] zurück.

Diese Feststellung trifft auf Eichmann zu, obgleich er keineswegs immer nur vom Schreibtisch aus agierte, allein, wie er fortwährend beteuerte, transporttechnische Probleme löste. Nicht immer handelte er tatortfern. Er inspizierte auch die Vernichtungsstätten, machte tatnahe Beobachtungen, auch wenn es für ihn persönlich nicht notwendig war, aktiv in das reibungslose Vernichtungsgeschehen einzugreifen. Eichmann besuchte die Todeslager Bełżec, Chełmno, Treblinka und Auschwitz. Er war anwesend bei Massenerschießungen in Minsk.[226] Wie stark er in die Konversion des Konzentrationslagers Auschwitz in ein Vernichtungslager involviert war, ist noch unerforscht. Die Darstellung des ersten Kommandanten des Lagers, Rudolf Höß, wirft Fragen auf.[227]

Wie bereits zu Beginn hervorgehoben, hat Arendt sich in ihrem Denken lange mit der Natur des Bösen befasst. Die Erfahrung Eichmann veranlasste sie zu einer grundlegenden Revision ihrer Auffassungen. In der Antwort auf Scholems Brief vom 23. Juni 1963 betonte sie, sie habe ihre an Kant[228] orientierte bisherige Auffassung, das Böse sei radikal, ändern müssen.[229] In recht metaphorischer Rede schien ihr nach der im Prozess und durch die Lektüre der Verfahrensunterlagen gewonnene Einsicht das Böse ohne Tiefe und Dämonie zu sein.[230] Es erwies sich als nicht tiefgründig, sondern als »ein Oberflächenphänomen«.[231] Das bedeutete für Arendt allerdings, dass das Böse auf keinen Fall »›banalisiert‹« oder »verharmlost« werden könne. In einer ihrer Ethik-Vorlesungen kommt die Metaphorik ebenfalls vor: »Das größte Böse ist nicht radikal, es hat keine Wurzeln, und weil es keine Wurzeln hat, hat es keine Grenzen, kann sich ins unvorstellbar Extreme entwickeln und über die ganze Welt ausbreiten.«[232] Im *Denktagebuch* heißt es im Januar 1966: »Alles Gute bewegt sich in der Vertikale. Das Böse fegt über dies Vertikale in der Horizontalen quer hinweg. Dieser Sturm zerstört, beugt alles nieder und verhindert das ruhige Auf- und Untergehen des Lebendigen.«[233] Und bereits 1963 an Scholem: »Ich bin in der Tat heute der Meinung, dass das Böse immer nur extrem ist, aber niemals radikal, es hat keine Tiefe, auch keine Dämonie. Es kann die ganze Welt verwüsten, gerade weil es wie ein Pilz an der Oberfläche weiterwuchert.«[234]

In menschlichen Untiefen war mithin für Arendt das Böse nicht zu finden. Es zeigte sich als gegenwartsnahes Phänomen, das epidemisch auftreten kann, sofern die Verhältnisse ihm durch anfällige, urteilsunfähige Menschen Raum geben. Eichmann war in Arendts Augen »das konkrete Modell für das«[235] extreme, nicht aber radikale Böse, das sich in gedankenarmen Figuren wie ihm in seiner ganzen Schrecklichkeit und Gefährlichkeit als banal erwies.

Die Fähigkeit einer moralischen Person, zwischen Recht und Unrecht zu unterscheiden, das Vermögen des eigenen Urteils zu besitzen, war Eichmann spätestens durch die Wannsee-Konferenz vom Januar 1942 abhandengekommen. Hitlers ihm von Reinhard Heydrich mitgeteilter Vernichtungsbefehl hatte für ihn (seiner Darstellung zufolge) Gesetzeskraft und in der am Großen Wannsee gelegenen Villa erlebte er, dass sich die Elite des Regimes den verbrecherischen Willen des »Führers« willfährig zu eigen gemacht hatte. Alle folgten sie dem vorgeblich unabwendbaren »Gesetz«, stimmten mit der von Hitler befohlenen Tat überein.[236]

War für die führenden Holocaust-Akteure (in Eichmanns Worten »die Prominenz des damaligen Reiches, [...] die Päpste«)[237] Konsens, was Hitler als oberster Befehlshaber und Gesetzgeber angeordnet hatte, so konnte für einen Untergebenen wie ihn systemkonformes Handeln keine Zweifelsfragen nach Recht und Unrecht, nach persönlicher Verantwortlichkeit aufwerfen. Eichmann verspürte nach der Wannsee-Konferenz in sich »eine Art pilatussche Zufriedenheit« (EJ, S. 150), fühlte sich

»bar jeder Schuld«.[238] Gewissensprobleme[239] traten nicht auf, tat er doch lediglich, was den allseits befolgten Befehlen der Staatsführung entsprach. Handeln auf von allen gutgeheißenen, höheren Befehl gemäß seinem »Fahneneid« war für Eichmann mithin unhinterfragbare Normalität, denn Pflichterfüllung, Befehlsbefolgung und Gesetzestreue konnten seinem Verständnis nach niemals ein Unrecht sein. Strafrechtliche Schuld lud sich in Eichmanns Verständnis deshalb auch nicht auf, wer staatskonsensual und führertreu agiert, den »Willen des Führers« (EJ, S. 175) getreu erfüllt, dem geleisteten Eid gemäß gehandelt hatte. Befehlsverweigerung und -nichtbefolgung war hingegen in seinen Augen schändlicher Eidbruch, ehrloser Verrat am »Führer«.

Auch die Jerusalemer Richter sahen Eichmann so: »Das ist sein Kardinalargument; der Befehl befreit ihn von allen Hemmungen; denn der blinde Gehorsam kraft seines Treueids geht allem voran und steht über allem; dengegenüber [sic] darf der Stimme des Gewissens überhaupt kein Gehör geschenkt werden.«[240]

Sein »im Sinne der Anklage nicht schuldig« hat Eichmann durchaus mit großer Überzeugung und seinem Selbstverständnis nach »reinen Gewissens« gesprochen. Die Vernichtung eines vorgeblich die Volksexistenz bedrohenden Feindes war den Exekutoren der »Endlösung« historisches Gebot. Kein Verbrechen, sondern ehrenvolle und ruhmreiche, wenn auch schwere und unerfreuliche, doch von Hitler aufgegebene und deshalb gehorsam auszuführende weltgeschichtliche Mission. In seinen während des Prozesses verfassten Memoiren meinte Eichmann, er habe »Göttern« angehangen, die sich als »Götzen« erwiesen hätten. Als bloßer »Diener der Götzen«[241] könne er aber »wie weiland Pontius Pilatus« seine Hände »in Unschuld waschen«.[242] Eichmanns Selbstbild und Selbstverständnis war in der frühen Bundesrepublik unter den einstigen Volksgenossen, wie immer ihr Anteil und ihre Mitverantwortung an den Verbrechen ausgesehen haben mag, weitverbreiteter Konsens.

Wie bodenlos verkommen der Angeklagte in der Glaskabine Arendt erschien, führte sie in einem Vortrag aus den Jahren 1964/65 aus: »Eichmanns Gewissen kam in Wallung bei der Vorstellung von Grausamkeiten«, durch gemeine SS-Männer bei ihrer Vernichtungsarbeit verübt, »nicht bei dem Gedanken an [millionenfachen; W.R.] Mord.«[243] 1965 meinte sie: »Um es anders zu sagen: Das größte begangene Böse ist das Böse, das von Niemanden getan wurde, das heißt, von menschlichen Wesen, die sich weigern, Personen zu sein.«[244] Für Arendt war Eichmann ein solcher Niemand, ein biederer Bürokrat, begriff sie doch Bürokratie als »die Herrschaft des Niemand« (EJ, S. 18).[245]

Arendt beschrieb das Phänomen Eichmann, wie es sich ihr im Glaskasten und insonderheit im Protokoll des von Less geführten Verhörs präsentierte. Durchschaut hat sie den gesetzestreuen Bürokraten und eidgebundenen SS-Obersturmbannführer freilich nicht, denn er wusste sich in

Jerusalem gut zu verstellen. Less, der über Monate hin den Untersuchungshäftling ertragen musste, erkannte sehr wohl, dass Eichmann ein gewiefter Lügner war.[246] Auch das Gericht gelangte zu der Überzeugung, dass Eichmann log und seiner inneren Einstellung entsprechend gehandelt hatte: »Er hat [...] seine Aufgabe in all ihren Phasen auch aus innerer Überzeugung mit ganzem Herzen und ganzer Seele geleistet.«[247]

Die »Argentinien-Papiere« zeigen uns einen Eichmann, den Arendt nicht erkannte. Die neueren, quellengestützten Studien haben ihn als gläubigen Nationalsozialisten, als fanatischen Antisemiten, als einen besessenen Überzeugungstäter dargestellt.[248] Michael Wildt zufolge war Eichmann »sehr wohl in der Lage, sich vorzustellen, was er tat, weil er tun wollte, was er tat«.[249] Er war kein »subalternes Rädchen im großen Getriebe«[250] gewesen. Der überzeugende Befund muss freilich nicht als Widerlegung von Arendts über Eichmann hinausreichende Darlegung gelesen werden. Ihre Erkenntnis, dass mit Hitler geteilte Überzeugungen nicht als Bedingung für das eifrige Mitmachen von Funktionären zu betrachten sei, ist nicht durch die Feststellung widerlegt, Eichmann habe an die von der Staatsführung propagierte Ideologie geglaubt, habe die »partikulare Moral«[251] der Nationalsozialisten geteilt, sei weltanschaulich stark determiniert gewesen. So meinte Arendt wohl zutreffend, »im Dritten Reich« habe es »nur wenige Menschen« gegeben, »die die späteren Verbrechen des Regimes aus vollem Herzen bejahten, dafür aber eine große Zahl, die absolut bereit waren, sie dennoch auszuführen«.[252] Wie viele der Akteure im Holocaust Überzeugungstäter waren, ist nicht festzustellen. Der von Arendt ausgemachte neue Verbrechertyp bedurfte nicht unbedingt der »ideologischen Rechtfertigungen«. Ihm »genügte, daß alles entsprechend dem ›Führerwillen‹ geschah, denn der war Gesetz, und daß alles mit den ›Führerworten‹ übereinstimmte, die doch Gesetzkraft besaßen«.[253]

Die Holocaust-Forschung geht von »mehrere[n] hunderttausend Deutsche[n] (und Österreicher[n])«[254] aus, die an der Vernichtung der europäischen Juden beteiligt waren.[255] Wie viele davon Täter(-innen) bzw. Mittäter(-innen) im Sinne der bundesdeutschen Rechtsprechung gewesen waren, sich mithin in der Terminologie der subjektiven Teilnahmelehre die befohlene Tat zu eigen gemacht, sie als eigene gewollt haben (»Täterwille«), muss dahingestellt bleiben. Täter und Täterinnen im historischen Sinn waren sie allemal. Sie haben in ihren jeweiligen Funktionen in den Zentralinstanzen und an der Peripherie, am Schreibtisch und vor Ort an den Mordstätten, allesamt mitgewirkt, gleichviel wie fest und beständig ihre ideologischen Überzeugungen gewesen sein mögen.

Eichmann in Wien, Prag, Berlin und 1944 in Budapest war nach den Ergebnissen der historischen Forschung nicht der Eichmann, wie er sich in Jerusalem gerierte. Arendts »Diktum von der ›Banalität des Bösen‹« entsprach in Jerusalem »so sehr allem Anschein«, so Michael Wildt, »und doch traf es mehr den Angeklagten als den Täter Eichmann, dessen rastloses Engagement zwischen 1935 und 1945 ihn als eifrigen, von seiner Sache überzeugten Judenreferenten und Deportationsexperten zeigt«.[256]

3. Die Judenräte und ihre Kooperation

Die »Kooperation« jüdischer Funktionäre mit NS-Stellen ab Beginn der »Endlösung« im Herbst 1941 stellte Arendt kritisch dar. Sie war der schwerlich belegbaren Ansicht, in Arendts Selbstverständnis aber eine aus den »Tatsachen« zu ziehende Schlussfolgerung, gar eine »Tatsachenwahrheit«, ohne die von den deutschen Mördern erzwungene »Zusammenarbeit« (EJ, S. 161) der »jüdischen Führer« wäre die Vernichtung der europäischen Juden nicht so reibungslos verlaufen, wie sie sich tatsächlich ereignete. Eine weitere Schlussfolgerung Arendts war, die Zahl der Opfer (EJ, S. 162) wäre geringer ausgefallen, hätten Repräsentanten (»Führer«) der verfolgten Juden nicht fügsam den erteilten Befehlen gehorcht und sich an der Durchführung der Deportationen beteiligt.

Bereits in ihrem Ende 1944 verfassten Aufsatz »Organisierte Schuld« hatte Arendt wie beiläufig davon geschrieben, »sogar Juden«[257] hätten neben »Letten, Litauer[n], Polen [...] in Himmlers Mordorganisation« mitgewirkt. Mit den Mördern vorgeblich gemeinsame Sache machende Juden zählte sie schon damals zu dem »neuesten Typ des

Funktionärs«, der in den »Vernichtungsmaschinen [...] zum Funktionieren«[258] gebracht worden sei. Wie undifferenziert und unbelegt ihre Einschätzung war, ist Arendt offenbar nicht bewusst gewesen. In Organisationen des NS-Regimes haben Juden zur Zeit der »Endlösung« sich niemals betätigt. Zwangsorganisationen wie zum Beispiel »Ältesten-« bzw. »Judenräte« zu »Himmlers Mordorganisation« zu zählen, wäre wahrlich infam.

In ihrem 1948 veröffentlichten Aufsatz »Konzentrationsläger« schreibt Arendt zum Verhältnis von Tätern und Opfern unter totalitärer Herrschaft: »In der Schaffung von Lebensbedingungen, in denen Gewissen schlechthin nicht mehr ausreicht, und das Gute unter keinen Umständen mehr getan werden kann, wird die bewußt organisierte Komplizität aller Menschen an den Verbrechen totalitärer Regimes auch auf die Opfer ausgedehnt und damit wirklich ›total‹ gemacht. Wir wissen aus vielfachen Beschreibungen, bis zu welchem Grade die ›Konzentrationäre‹ mit in die eigentlichen Verbrechen der SS verwickelt wurden, indem man ihnen – den Verbrechern [Arendt meint die Häftlinge mit grünem Winkel; W.R.], den Politischen, den Juden in den Ghetti und Vernichtungslagern – weite Teile der Verwaltung überließ und sie damit dem nie zu lösenden Konflikt auslieferte, entweder ihre Freunde in den Tod zu schicken oder andere, ihnen zufällig nicht bekannte Menschen ermorden zu helfen.«[259] 1952 heißt es in ihrer Besprechung des Werks von Léon Poliakov: »Nowhere does Mr. Poliakov‘s integrity and objectivity show to better advantage than in his account of the ghettos and the role of their *Judenräte*, or Jewish councils. He neither accuses nor excuses, but reports fully and faithfully what the sources tell him – the growing apathy of the victims as well as their occasional heroism, the terrible dilemma of the *Judenräte*, their despair as well as their confusion, their complicity and their sometimes pathetically ludicrous ambitions. In the famous and very influential *Reichsvertretung* of German Jews, which functioned smoothly until the last German Jew had been deported, he sees the forerunner of the *Judenräte* of the Polish ghettos; he makes it clear that the German Jews, in this respect too, served the Nazis as guinea pigs in their investigation of the problem of how to get people to help carry out their own death sentences, the last turn of the screw in the totalitarian scheme of total domination.«[260]

Arendt sah in der von den Opfern abverlangten Komplizität mit den Tätern ein Problem, das Leben und Überleben im totalitären Staat notwendig zu einer Frage moralischer Entscheidungen machte. Nicht erst bei der Niederschrift ihres Prozessberichts war sie der Überzeugung, die Weigerung, sich zur Kooperation zwingen zu lassen, sei die moralisch allein vertretbare Haltung der jüdischen Funktionäre gewesen.[261] Im 1964 mit Joachim Fest geführten Interview bekräftigte sie ihre schlichte Ansicht: »Es gab eine Alternative, hüben [auf der Seite der Täter; W.R.] und drüben [auf der Seite der Opfer; W.R.], und die hieß: nicht mitmachen, selber urteilen [...]«.[262] Ein wenig differenzierter schrieb sie ebenfalls 1964: »The Jewish leadership inside Europe was objectively hardly less helpless than the Jewish masses. And nothing more needed to be said about them if they had recognized this helplessness and relinquished their positions.«[263] Mit Otto Kirchheimer meinte sie, »Nicht-Teilnehmen« sei »das einzige Kriterium, an dem wir heute Schuld und Schuldlosigkeit des einzelnen messen können« (EJ, S. 164).

Arendt verkannte allerdings die Handlungsoptionen der Akteure. Sie gewichtete die Handlungsspielräume der Judenräte unzutreffend. Vollkommen undifferenziert schrieb sie: »Die Judenräte wurden von Eichmann und seinen Leuten darüber informiert, wie viele Juden man für die jeweils bewilligten Züge benötigte, und sie stellten danach die Listen der zu Deportierenden auf.« (EJ, S. 151) Gewiss eine Darstellung, die partiell für West- und Südosteuropa zutreffen mag. Mithin eine Tatsache, die, wie schmerzlich auch immer sie war, festgestellt werden musste. Doch Arendt überbetonte die »Rolle der jüdischen Führer bei der Zerstörung ihres eigenen Volkes« (EJ, S. 153) und urteilte viel zu allgemein, die Deutschen hätten die jüdischen Entscheidungsträger zu »Werkzeugen des Mordens« (EJ, S. 154) gemacht. An anderer Stelle meinte sie gleichfalls übertreibend, »the Jewish leadership« sei »an important factor in the bureaucracy of destruction«[264] gewesen.

Kritik an den Judenräten war in Israel keineswegs unbekannt. Bereits während der Prozesse gegen jüdische »Nazikollaborateure« auf der Grundlage des Gesetzes von 1950 war die Mitwirkung von Juden, zum Beispiel der Ghettopolizei (jüdischer »Ordnungsdienst«), thematisiert worden. Im Verfahren gegen Malkiel Gruenwald war die Rolle der Judenräte ebenso Gegenstand der Verhandlung gewesen.[265] Der Verteidiger des Angeklagten Gruenwald, Shmuel Tamir, sowie der Vorsitzende Richter Benjamin Halevi beurteilten den Judenrat in Budapest kaum anders als Arendt.[266] Sie wusste sehr wohl, dass »das Wort ›Judenrat‹« in Israel »negativ besetzt«[267] war, im Ben-Gurion-Staat aber weitgehend tabuisiert wurde. Kritik an den Judenräten und an der Politik der jüdischen Führung in Palästina (Jewish Agency) war in Israel nahezu gänzlich eine Domäne der Rechten.

Arendt scheute in ihrer Rolle als Berichterstatterin um der von ihr angestrebten Wahrheit willen nicht davor zurück, diese so überaus heiklen Fragen zu thematisieren. Richtig ist fraglos, dass das Thema der Judenräte »was never directly discussed during the trial«.[268] Falsch ist aber die Arendtkritische generelle Behauptung, »the issue was not raised at the trial«.[269]

Arendt erkannte, dass die Anklagevertretung das Thema Judenräte umging. Das Gericht sprach es gelegentlich an, konnte und wollte es aber nicht weiter vertiefen. Nicht wenige Möglichkeiten hätte Hausner bei der Vernehmung der Überlebenden gehabt, das Verhalten der Judenräte zur Sprache zu bringen. Die Überlebenden des Wilnaer

Ghettos sind zur Politik des Judenrat-Ältesten Jacob Gens nicht weiter befragt worden. Bei der auch von Arendt erwähnten Schilderung Abba Kovners ging es nur darum, den Heldenmut und das Selbstopfer des Widerstandskämpfers Itzik Wittenberg hervorzuheben.[270]

Als Zivia Lubetkin vom Freitod Adam Czerniaków zu Beginn der Deportationen aus dem Warschauer Ghetto nach Treblinka im Sommer 1942 sprach, ging Hausner mit keinem Wort auf den dortigen Judenrat ein.[271] Selbst als die Zeugin die »loyal co-operation« der jüdischen Polizei »with the Germans«[272] erwähnte, blieb der ansonsten wortreiche Generalstaatsanwalt stumm. Den Heroismus der Ghettokämpfer galt es zu preisen, nicht die moralischen Dilemmata anzusprechen. Die dem Aufstand vorausgegangene Kooperation von Judenrat und Ghettopolizei im Fall Warschau blieb tabu. Hausner ließ auch ostentativ den Zeugen Yitzhak Zuckerman die Revolten in Ghettos und Lagern[273] aufzählen. Die Durchführung der »Aussiedlung« der Insassen des Warschauer Ghettos erörterte er nicht.[274] Sprach der Widerstandskämpfer Adolf Avraham Berman davon, »the jewish underground« in Warschau sei »against this jewish police force« gewesen, »as we were also against the policy of the Judenrat, of co-operation with the Nazis«,[275] dann schloss sich keine weitere Befragung des Zeugen durch den Anklagevertreter an. Im Gegenteil. Der Generalstaatsanwalt ließ sich von dem Zeugen Aharon Peretz auf seine Nachfrage hin ausdrücklich bestätigen, dass im Fall des Ghettos

Kovno der »Council of Elders« und die »Jewish police« von den Ghettobewohnern respektiert und keineswegs gehasst worden seien. Angehörige der Ghettopolizei hätten überdies den Partisanen geholfen.[276] Ebenso im Fall des Ghettos Riga. Auch der Zeuge Eliezer Karstadt musste das gute Verhältnis zur jüdischen Polizei bekräftigen.[277]

Nur das Gericht erbat gelegentlich nähere Aufklärung. Als der Zeuge Berman eine gegen die Kinder des Ghettos gerichtete »Aktion« der »SS men together with their collaborators«[278] schilderte, erläuterte der Zeuge erst auf die Frage des Gerichts, unter »collaborators« habe er »the gangs of Ukrainian Fascists [...] and also, to our great regret, the Warsaw Ghetto police force, which was also an instrument in the hands of the Nazi murderers«,[279] gemeint. Als der Zeuge Haim Berendt berichtete, nach der Flucht von drei Juden hätten 300 Insassen des Ghettos Minsk auf SS-Befehl ausgewählt und ausgeliefert werden müssen, ergab erst die Nachfrage von Richter Halevi, dass die jüdische Ghetto-Verwaltung dem Befehl zur Selektion der potentiellen Opfer nachgekommen sei. Der Zeuge bekundete, die »Jewish Administration« habe »first of all [...] the sick and the elderly« genommen.[280] Die drei Geflohenen erfuhren von der Lebensgefahr, die den Ausgewählten drohte. Sie stellten sich und wurden erschossen, die 300 Geiseln von den Deutschen entlassen.

Arendt hat das gleichsam von Staats wegen praktizierte Schweigen über bestimmte »Tatsachen« erkannt und war zutreffend der Auffassung, die Anklagevertretung, hinter der für sie immer Ben Gurion mit seinen politischen Absichten stand, habe versucht, wie sie es an anderer Stelle formulierte, die prekären »Tatsachen« wegzulügen.[281] Wie oft gegen den Strich agierend, kam Beisitzer Halevi im Kreuzverhör auf das weitgehend ausgesparte Thema noch einmal zurück. Auf seine Frage: »As instruments of German policy regarding the Jews, these Jewish Councils – shall we say – considerably facilitated the implementation of measures against the Jews?«[282] antwortete Eichmann selbstredend zustimmend.

Eine differenzierte Erörterung der Thematik fand in Jerusalem nicht statt. Die Vermeidung der Aufklärung heikler Sachverhalte konnte die kritische Prozessbeobachterin freilich nicht übergehen und hinnehmen. Sie war der unstrittigen Auffassung, »im Interesse der Gerechtigkeit hätte« das Thema Judenräte »verhandelt werden müssen« (EJ, S. 14).

Die von der Anklage geübte Praxis hatte Arendt hellsichtig vorausgesehen. Bereits nach drei Gerichtssitzungen drückte sie Jaspers gegenüber die Besorgnis aus, im Prozess würden »sehr wesentliche Aspekte der Teufelei« nicht »klar ans Licht kommen«, wie zum Beispiel »die Kollaboration der Juden, der Organisation überhaupt, und ähnliches«.[283] Mit »Teufelei« meinte sie die von den Deutschen erzwungene Verstrickung der Opfer im Vernichtungsprozess. Zu beachten ist immer, dass Arendt später in ihrem Bericht zwischen »Kollaboration« und »Kooperation« unterschieden hat.

Arendts Darstellung, die auf den Seiten 151 ff. gewiss kein bloßer Report über den Prozessstoff mehr war, enthält neben schwerlich haltbaren Verallgemeinerungen auch Missdeutungen und Irrtümer. So schreibt sie: »Von Polen bis Holland und Frankreich, von Skandinavien bis zum Balkan gab es anerkannte jüdische Führer, und diese Führerschaft hat fast ohne Ausnahme auf die eine oder andere Weise, aus dem einen oder anderen Grund mit den Nazis zusammengearbeitet. Wäre das jüdische Volk wirklich unorganisiert und führerlos gewesen, so hätte die ›Endlösung‹ ein furchtbares Chaos und ein unerhörtes Elend bedeutet, aber angesichts des komplizierten bürokratischen Apparats, der für das ›Auskämmen‹ von Westen nach Osten notwendig war, wäre das Resultat nur in den östlichen Gebieten, die ohnehin der Kompetenz der ›Endlöser‹ nicht unterstanden [sic!], gleich schrecklich gewesen, und die Gesamtzahl der Opfer hätte schwerlich die Zahl von viereinhalb bis sechs Millionen Menschen erreicht.« (EJ, S. 162)[284] Unerörtert lässt Arendt, über welches Wissen verantwortliche Repräsentanten der verfolgten Juden an den jeweiligen Orten der im Oktober 1941 einsetzenden Deportationen verfügten. Ungeklärt ließ sie auch, zu welchem Zeitpunkt im Vernichtungsprozess sichere Kenntnisse über den Zweck der Deportationen vorgelegen haben. Informationen zumal, die auch ein Wissenwollen bei den Opfern bewirkten. Eine Zeugin wusste zum Beispiel zu berichten, dass sogar noch im März 1945 Insassen von Theresienstadt voller Unglauben den Angaben über Auschwitz begegneten.[285] Die Reaktion der verantwortlichen Juden war viel unterschiedlicher und vielfältiger, als Arendt darstellte.[286] Viele Judenratsmitglieder verweigerten die Befehle und bezahlten oft mit ihrem Leben.[287]

Im besetzten Westeuropa stellte sich die Lage im Jahr 1942, als die »Umsiedlungen«, die »Evakuierungen nach dem Osten« begannen, anders dar als zum Beispiel in Ghettos im besetzten Polen und im Baltikum. Die in Frankreich, Belgien, den Niederlanden und Luxemburg von den deutschen Besatzern ernannten, zur Mitarbeit gepressten Zwangsorganisationen hatten über Zweck und Ziel der Deportationen ganz unterschiedliche Informationen. Der Übergang von der Politik der »forcierten Auswanderung« zur »Evakuierung nach dem Osten« zum vorgeblichen »Arbeitseinsatz« geschah nicht so, dass die Entscheidungsträger in den Judenräten vor eindeutigen, klar unterscheidbaren Optionen gestanden hätten. Da die Deutschen in Westeuropa zunächst mit Zwangsarbeitseinsatz vor Ort oder in unmittelbarer Umgebung der Wohnorte der verfolgten Juden begannen, war die spätere lügnerische Rede von der »Umsiedlung« zum »Arbeitseinsatz« für die jüdischen Repräsentanten nicht leicht durchschaubar. Somit ist im Einzelnen nur schwer festzustellen, ab wann die fortwährend getäuschten und irregeführten Judenräte gesichertes Wissen über das Schicksal der Deportierten besaßen. Die von den Deutschen virtuos gehandhabte Politik des Betrugs und der Täuschung[288] erfüllte ihren Zweck.

Überlebende Mitglieder von Judenräten, wie zum Beispiel die beiden Vorsitzenden des im Februar 1941 installierten Joodse Raad in den Niederlanden, David Cohen und Abraham Asscher, nahmen es in ihren Erinnerungen vor lauter Selbstrechtfertigungsverlangen mit der Wahrheit allerdings nicht so genau.[289] Selbst Lozowick meint in seinem Anti-Arendt, der Joodse Raad habe »vom Augenblick seiner Gründung« an den Nazis als »Werkzeug« gedient.[290] Der Zeuge Joseph Melkman hatte am 10. Mai 1961 bekundet, dass auf Befehl der SS vom Judenrat Deportationslisten erstellt worden waren.[291]

Für Belgien hat Ahlrich Meyer in seiner Studie über das Wissen um Auschwitz gezeigt, dass es der SS nahezu vollständig gelungen ist, die Opfer zu täuschen.[292] Von Arbeitseinsatz, Umsiedlung, Familienzusammenführung war in den verlogenen Ansprachen durchweg die Rede. Zudem erstellte die Lagerleitung von Malines/Mechelen die Deportationslisten selbst. Juden waren nicht beteiligt.

Besondere Erregung verursachte bei vormaligen deutschen Juden in Israel, England und den USA Arendts Bemerkung über Leo Baeck, Rabbiner in Berlin und einer der wichtigsten Repräsentanten der nichtzionistischen, in Arendts Augen überaus kritikwürdigen assimilatorischen Juden in Deutschland. Als Häftling in Theresienstadt hatte er Mitte 1943 Informationen über das Schicksal der nach Auschwitz deportierten Juden erhalten.[293] Sein Wissen enthielt er den Insassen des Ghettos jedoch vor. Er war der fraglos menschlichen, in Arendts Augen aber moralisch nicht vertretbaren und auch unpolitischen Auffassung, das Leben der Opfer würde noch härter, noch unerträglicher werden, müssten sie »in Erwartung des Todes durch Vergasung« (EJ, S. 155) im Ghetto ausharren.[294] Moralisch und politisch falsch war Baecks Haltung Arendt zufolge, weil sein Verschweigen der Wahrheit den Ghettobewohnern die Möglichkeit nahm, sich selbst zu entscheiden.[295] In einer äußerst despektierlichen Formulierung schrieb sie im amerikanischen Original, eine Hilberg-Stelle verzerrend, »Chief Rabbi of Berlin«[296] Leo Baeck sei in den Augen von Juden und Nichtjuden »the ›Jewish Führer‹«[297] gewesen. Ihren unstrittig »tasteless [...] attack on Leo Baeck«[298] korrigierte sie in der zweiten Auflage der amerikanischen und in der deutschen Ausgabe.[299]

Baecks Haltung wurde von nicht wenigen deutschen Juden gutgeheißen. In den Anmerkungen zu Arendt, die der Herausgeber der *Allgemeinen Wochenzeitung der Juden in Deutschland,* Karl Marx, an Arendts Verleger Klaus Piper schickte, um Korrekturen in der deutschen Ausgabe zu erwirken, heißt es apologetisch: »Die Pflicht, Menschen angesichts des Todes ein Beispiel der Ruhe und Gefaßtheit zu geben, verstand sich für« Baeck »wie für viele andere geistig und geistlich führende Persönlichkeiten von selbst.«[300] Auch Baecks Darstellung, der Einsatz von jüdischen Ordnern bei der Deportation der Berliner Juden sei der brutalen Praxis deutscher Täter vorzuziehen gewesen, kritisierte Arendt. Raul Hilberg fand für die gutgemeinte Vorgehensweise jüdischer Repräsentanten schärfere Worte. Er meinte, »die Vorsitzenden der jüdischen Gemeinden in Deutschland« hätten auf diese Weise »ihre eigene Form der Euthanasie«[301] praktiziert, will heißen: wohlmeinend den Todgeweihten »Sterbehilfe« geleistet.

Unzureichend zur Kenntnis nahm Arendt die Strategie vieler Judenräte im besetzten Polen und im Baltikum, Lebensrettung durch Arbeit zu suchen.[302] Die Devise »Unser einziger Weg ist Arbeit« (»Arbeit vershport blut«, wie der Zeuge Meir Mark Dworzecki[303] darlegte; Arendt war noch im Gerichtssaal), die Judenräte in den Ghettos im Osten angesichts der Vernichtungsmaßnahmen der Deutschen in verzweifelter Ohnmacht verfolgten, war das durchaus rationale Vorhaben der Opfer, die Versorgung im Ghetto zu verbessern und den Vernichtungsprozess zu verlangsamen.[304] Den Juden und ihren Vertretern »wurde gerade noch so viel an sozialer Normalität und Schein politischen Willens belassen, um die Illusion zu nähren, im Sinne ihres Überlebens tätig werden zu können. Nur in solch undurchsichtiger Lage zwischen völliger Unterwerfung und dem Anflug von Selbsttätigkeit und Selbstorganisation konnte eine derart extreme Grenzerfahrung wirklich werden [...]«.[305] Dass Judenräte sich teilweise gezwungen sahen, »›Selbstselektion‹«[306] vorzunehmen, Ghettoinsassen für die Deportation auszuwählen, ist freilich unbestritten.[307] Arendt hat auf diese schmerzliche, im Prozess nur nebenbei zur Sprache gekommene Tatsache ungeschminkt hingewiesen

(EJ, S. 258). Sie hielt sie für einen Aspekt der »unbewältigten Vergangenheit« der Juden im Holocaust. Ob ihre Verwendung der im Lande der Täter geläufig gewordene Formulierung in Bezug auf das Volk der Opfer von sprachlicher Sensibilität zeugt, sei zur Diskussion gestellt. Bedauerlicherweise hat Arendt die gebotene Differenzierung in ihren Ausführungen zu den Judenräten vermissen lassen. Sie folgte ihren Vorannahmen und sah sich durch die unzureichende Thematisierung des Problems im Prozess veranlasst, ihre harschen Bewertungen vorzunehmen.

Aus einer vor Gericht erzählten, von ihr kurz vor ihrer Abreise noch Anfang Mai 1961 gehörten Widerstandsgeschichte[308] zog Arendt die politische »Lehre [...], daß unter den Bedingungen des Terrors die meisten Leute sich fügen, *einige aber nicht*« (EJ, S. 278). Mit Yitzhak Zuckerman – sie hatte den Warschauer Ghettokämpfer und seine Frau Zivia Lubetkin am 3. Mai 1961 (25. Sitzung) noch im Zeugenstand[309] gehört – teilte sie die Ansicht, es sei aller Mühe wert, die Ehre zu retten, wenn schon das Leben verloren sei (EJ, S. 159).[310]

Für Arendt waren Lubetkin, Zuckerman und andere Widerstandskämpfer aber keine Märtyrer, sondern selbstbewusste Juden, die die richtige moralische Entscheidung getroffen hatten. Sie waren in ihren Augen die Kämpfer der leider nicht während des Zweiten Weltkriegs gegründeten Jüdischen Armee, die als Juden für Juden ihrem Feind entgegentraten und ihr Leben ehrenvoll und würdig opferten.[311]

Auf der Grundlage der ihr in den USA zugänglichen Berichte hatte Arendt 1946 der von den meisten Juden und Judenräten verfolgten Strategie des Überlebens um jeden Preis die Haltung entgegengesetzt, in »Würde« zu leben und zu sterben.[312] Zu dem kleinen Kreis von Menschen, die angesichts der Vernichtung moralisch richtig gehandelt hatten, zählte sie Adam Czerniaków, der ihrem Verständnis nach »wissentlich oder unwissentlich im Sinne des rabbinischen Spruches« gehandelt hatte: »›Laßt euch töten, aber überschreitet nicht die Grenze.‹« (EJ, S. 155)[313] Verweigerung der Mitwirkung, des Mitmachens bei Aufopferung des Lebens[314] wäre nach Arendt die moralisch gebotene Haltung der jüdischen Funktionäre gewesen. Dass es viele solcher Fälle gab, wusste sie aufgrund ihrer fehlenden Quellen- und Literaturkenntnis nicht. Freilich ging es ihr nicht um Geschichtsschreibung, sondern um einen Prozessbericht. Doch ihre weitreichenden, fraglos aus dem Prozessstoff erwachsenden Schlussfolgerungen sprengten den Rahmen ihrer Berichterstattung. Sie wagte sich auf ein weites und schwieriges Feld und scheiterte gelegentlich.

Die politische Denkerin Arendt vertrat ihre rigoristische Auffassung, obgleich sie die von den Nazis verursachte »Totalität des moralischen Zusammenbruchs [...] in allen, vor allem auch den höheren Schichten der Gesellschaft ganz Europas [...] nicht allein in Deutschland, sondern in fast allen Ländern, nicht allein unter den Verfolgern, sondern auch unter den Verfolgten« (EJ, S. 162)[315] konstatiert hatte. Bei ihrer Lektüre von Zeugnissen Überlebender war sie zu der Erkenntnis gelangt, dass in den Lagern (und wohl auch in den Ghettos) ein dreifacher Tod gestorben wurde: Die Deutschen töteten die juristische, die moralische und die individuelle Person.[316]

Diese Feststellung ist nur mit Einschränkungen zutreffend. Unberücksichtigt bleibt, dass Judenräte nicht nur Rettungsversuche unternahmen, sondern auch mit dem Widerstand kooperierten. Nicht wenige der von Arendt kritisierten jüdischen »Führer« haben in ihrer verzweifelten Lage alles getan, die Vernichtung aufzuhalten. Die Holocaust-Forschung hat gezeigt, dass »in den meisten ostpolnischen Ghettos [...] der Judenrat keinen Anteil an den Deportationen« hatte, »da die Deutschen sie selbst organisierten. An vielen kleineren Orten« in Polen und im Baltikum »verweigerten die Judenräte überhaupt jegliche Mitarbeit«.[317] Und: »Die Reaktionen der Judenräte reichten von massivem Widerstand bis hin zu totaler Unterwerfung, von zynischer Mißachtung des Wohls der Menschen, die sie vertraten, bis hin zu vollkommener Aufopferung – und all dies verdient ebenso eine Analyse wie die objektive Tatsache, daß sie Teil einer Vernichtungsmaschinerie wurden, deren Ziele sie, wenn überhaupt, zu spät erkannten.«[318]

Arendt zeichnete von einem überaus komplexen Sachverhalt ein zu einfaches Bild. Sie betrachtete Täter wie kooperierende Opfer, wobei sie immer einzig die jüdischen Funktionäre zur

Zeit der »Endlösung« und keineswegs die namenlosen Opfer meinte, als moralische Personen. Ihre Moral, ihre Urteilskraft hätten ihnen gebieten müssen, Ehre, Würde, Stolz und Selbstachtung[319] zu erhalten, mithin sich aller Mitwirkung an der Vernichtung zu enthalten. »Ich kann nicht«[320] wäre nach Arendt sowohl für die deutschen Mörder als auch für die jüdischen Funktionäre die richtige Entscheidung gewesen. Für abgenötigtes Verhalten in Extremsituationen stellt diese Sicht eine Simplifizierung dar.[321]

Zu betonen ist, dass Arendt weder von den verfolgten Juden noch von ihren Repräsentanten Heldenmut und aktiven Widerstand verlangte.[322] Die Entscheidung, nicht mitzumachen, verstand sie nicht als Widerstandsakt, sondern als die gebotene Haltung, die im vorgeblich noch vorhandenen »Raum des freien Entschlusses und des freien Handels«[323] den urteilenden Personen möglich gewesen wäre. Wenig überzeugend meinte sie allerdings, die kooperativen Funktionäre hätten »nicht unter dem unmittelbaren Druck des Terrors, sondern nur unter dem mittelbaren«[324] gehandelt.

Arendt klagte nicht wie Gideon Hausner und wie junge Israelis den fehlenden Widerstand der Juden ein. An Gershom Scholem schrieb sie ausdrücklich: »Es gab keine Möglichkeit des Widerstandes, aber es gab die Möglichkeit, nichts zu tun.«[325] In ihren Augen waren die Opfer keineswegs Schafe gewesen, die sich wehrlos zur Schlachtbank hatten führen lassen.[326] Das in Israel bis zum Eichmann-Prozess so gängige Narrativ hat sich die einstige Zionistin Arendt[327] nie zu eigen gemacht. Doch richtig ist, dass im Fall der Darstellung der Rolle der Judenräte »die strenge Moralistin Arendt über die differenzierte Analytikerin Arendt«[328] triumphierte. Arendts moralische Argumentation erwuchs aus ihrer politischen Einsicht, sich als Person nie des eigenen Urteils zu entäußern.[329]

Mitte 1963 inmitten einer Flut von kritischer Post, führte sie die »unverständliche Aufregung in jüdischen Kreisen« auf die Tatsache zurück, dass in Israel und in jüdischen Organisationen »ehemalige Judenrätler« säßen. Ohne es zu wissen, habe sie mit ihrer Rede von der Kooperation der Judenräte »an das jüdische Stück unbewältigter Vergangenheit gerührt«.[330] An Charlotte Beradt schrieb sie gleichlautend: »Der springende Punkt ist: sehr viele der ehemaligen Mitglieder der Judenräte haben und hatten hohe Positionen in allen jüdischen Organisationen, vor allem in Israel.«[331]

Diese Mutmaßung traf auf die Judenräte im besetzten Osteuropa gewiss nicht zu. Die meisten Mitglieder der Zwangseinrichtungen waren mit ihren Gemeinden untergegangen. Inwiefern Arendts Annahmen zutreffen, muss die historische Forschung erst noch erweisen. Sie hat sich von den wenigen ihr bekannten Beispielen wie Holland, Theresienstadt und Ungarn verleiten lassen, pauschal zu urteilen. Sie meinte wohl auch, die von Eichmann wohlfeil bejahte Frage von Richter Halevi zu den Judenräten zum Maßstab machen zu können.

Arendt irrte mithin in nicht wenigen Hinsichten. Im Fall Ungarn maß sie unzutreffend Rezsö Kasztner (EJ, S. 154) eine wichtige Rolle bei den Deportationen zu. Als stellvertretender Vorsitzender des wenig einflussreichen Hilfs- und Rettungskomitees und als Zionist hatte Kasztner in Budapest nur geringen Einfluss. Mit der gefügigen Politik des Judenrats hatte er nichts zu tun. Allenfalls in seiner Heimatstadt Cluj/Kolozsvár hätte er aufgrund seines Wissens um die Vernichtungsabsichten Juden warnen können.[332] Wie in vielen Fällen wären ihm jedoch die meisten Menschen voller Unglauben begegnet. Die Wirklichkeit von Auschwitz konnten sie sich in ihrer Unwissenheit nicht vorstellen.

4. Die Prozessbeobachterin und ihr Ton

Ihr Stil oder Ton, meinte Arendt gegenüber ihren Kritikern, gehöre zu ihrer Person und stehe deshalb außer aller Erörterungen. »Denn der Stil, in dem äußert sich doch die Person – nämlich das, was man selber nicht weiß.«[333] Für Arendt war der Ton »der Mensch«[334] und somit unabänderlich und unhintergehbar. »Der Ton aber, das ist ein Einwand gegen mich als Person. Dagegen kann ich nichts tun.«[335] Immer wieder betonte sie, bei der Lektüre der Vernehmung Eichmanns durch Polizeioffizier Less gelacht zu haben. Einen Menschen wie Eichmann im Gerichtssaal zeitweise beobachtend und in New York intensiv lesend zu ertragen, war für sie eine »Tortur«[336] und eine Farce zugleich. Beides gab den Blick frei auf den »Horror des Bösen« und seine furchtbare, erschreckende »Banalität«.[337]

Mit Ironie und Sarkasmus, mit analytischer Distanz und schonungsloser Direktheit hat Arendt ihren Bericht Mitte 1962 in New York verfasst. Einfühlungsvermögen für die Überlebenden, die vor Gericht ihr Schicksal und das ihrer Angehörigen bezeugten, versagte sie sich. Wenn Scholem den »herzlose[n], ja oft haemische[n] Ton«[338] beklagte, von einem »Stil der Leichtherzigkeit«[339] schrieb und Mangel an »Herzenstakt«[340] konstatierte, missverstand er die Aufgabe, die sich Arendt gestellt hatte. Sie meinte, die im Verfahren zur Sprache gekommenen Tatsachen sachlich, wahrheitsgetreu und unpathetisch berichten zu müssen. Das schloss für sie eine einfühlsame, den Schmerz und die Trauer der Überlebenden wiedergebende, gar nacherlebende Schilderung aus. Pathetische Zeugenaussagen hielt sie zudem für unangemessen, Pathos bei der Schilderung und Darstellung des Massenmordgeschehens allgemein für verfehlt.[341]

Arendt lesend diagnostizierte Manès Sperber eine »hoffärtige Desidentifizierung« gegenüber den Opfern und einen »deplacierte[n] Gleichmut«.[342] William Phillips meinte: »It is this tone of irony, of insinuation, of moral Olympianism that makes the treatment of the Jews in *Eichmann in Jerusalem* seem so cold and harsh.«[343] Robert Weltsch äußerte brieflich, »der etwas schnoddrige und zu selbstbewusste Ton« habe ihn »besonders gestört«.[344] Golo Mann verlautbarte, Arendt habe wegen des Publikationsortes ihres Berichts »sich dem Ton der metropolitanen Witzbolde« in »der satirischen Zeitschrift [...] anzupassen verstanden«.[345]

Zu betonen ist abermals, dass die Prozessberichterstatterin sich spätestens nach der Vernehmung des 39. von insgesamt 110 Zeugen (5. Mai 1961, 29. Gerichtssitzung) aus Jerusalem verabschiedete. Die einmalige Gelegenheit, Überlebende der Vernichtungslager und der Massenerschießungen der Einsatzgruppen in der besetzen Sowjetunion im Zeugenstand zu hören, versäumte sie.

Arendt kam es allein auf die Feststellung der schuldhaften Taten des Angeklagten an, nicht auf die ihrer Wahrnehmung nach oftmals allzu theatralisch vorgetragenen Leidensgeschichten der Opfer, die (durch die Anklagevertretung veranlasst) oftmals »Ansprache[n] ans Publikum« (EJ, S. 275) hielten. Für den in einer Ohnmacht endenden Auftritt (6. Juli 1961) des Auschwitz-Überlebenden und Schriftstellers Yehiel De-Nur (Ka-Tzetnik 135633), den sie selbst nicht erlebte, hatte sie nur sarkastischen Spott übrig (EJ, S. 268).[346] Hanna Yablonka zufolge hatte De-Nurs Aussage und ihr dramatisches Ende hingegen »in den Herzen der israelischen Bevölkerung [...] einen besonders tiefen und nachhaltigen Eindruck« hinterlassen und das Gericht veranlasst »zu verdeutlichen, wie schwer es war, Zeugnis abzulegen, und wie wenig die Aussagen im Grunde das ausdrücken konnten, was eigentlich gesagt werden sollte«.[347] Diese Dimension der Zeugenvernehmungen ignorierte Arendt vollkommen. Das Gericht, das mit demonstrativer Sachlichkeit den Überlebenden begegnet war und ihren Mitteilungsdrang bremste, hob im Urteil die Qual hervor, die für viele Zeugen ihre Vernehmung bedeutet hatte.[348] Die psychologische Verfasstheit der Zeugnis ablegenden Überlebenden schien Arendt auszublenden.

Im Anschluss an ihre Darstellung der Vernehmung von Herschel Grynszpans Vater, der nach Arendts Ansicht eine »Geschichte« (EJ, S. 274) zu erzählen wusste, meinte sie über die Schwierigkeiten beim Erzählen einer Geschichte, es bedürfe hierfür »einer Reinheit der Seele, einer ungespiegelten und unreflektierten Unschuld des Herzens und Geistes [...], die nur die Gerechten besitzen« (EJ, S. 275).[349] Inwiefern es Sinn macht, den der Vernichtung Entronnenen, fürs Leben nach dem Überleben versehrten, meist aller Familienmitglieder beraubten Übriggebliebenen (Shearith Hapleitah) eine doch recht ominöse »Reinheit der Seele« abzuverlangen, muss Arendts Geheimnis bleiben. Ihre zweifelsfrei rigide Haltung angesichts des einmaligen Vorgangs, im nach der Shoah gegründeten Staat der Juden vor dem eigenen Volk (das zu einem Viertel sich aus Überlebenden zusammensetzte) und der Weltöffentlichkeit einen maßgeblichen Holocaust-Täter zur Verantwortung zu ziehen, alle *außerrechtlichen* Intentionen zu verwerfen, empörte Kritiker nicht ohne Grund. Zindel Grynszpans auf Jiddisch gemachte Aussage war gewiss schlicht und beeindruckend zugleich. Zu sagen aber, »nicht einer, weder vorher noch nachher« habe »es mit der unantastbaren schmucklosen Wahrhaftigkeit des alten Mannes aufnehmen« (EJ, S. 275) können, ist Ausdruck der Verkennung der Situation, in der sich die Überlebenden der Shoah im Zeugenstand befanden. Unzweifelhaft brachte Arendt wenig Empathie und Verständnis für die Überlebenden auf. Durchaus möglich, dass ihr Ton und Stil auch eine Schutzreaktion, eine Gefühlsabwehr waren.[350] In ihrem Antwortbrief auf Robert Weltsch machte Arendt eine Feststellung, die verfehlt scheint. Sie gab dem Kritiker ihres Tons zu bedenken, »dass diese Einwendungen noch von niemandem gemacht worden sind, der nicht unmittelbar zu dem Jewish Establishment gehört, vorzugsweise von deutschen Juden; aber auch da eigentlich nur von ›professional Jews‹«.[351] Schwerlich anzunehmen, dass nur die von Arendt als Interessenvertreter gescholtenen Funktionäre Einwände gegen ihre Schreibweise hatten.

Arendts distanzierte Schilderung des in der Beweisaufnahme verhandelten Verbrechensgeschehens hat viele Leserinnen und Leser ihres Buches empört und erschüttert. Einige Kritiker verstiegen sich zu dem Vorwurf, ihr mangele es an Identifikation und Solidarität mit den Opfern, sie verleugne im Grunde genommen ihr eigenes Jüdinsein.[352] Eine Freundin schrieb ihr im Scherz, die hanebüchenen Ausfälle insbesondere der amerikanischen Kritik ridikülisierend: »Hannah Arendt, Du ungebildete, hasserfüllte, rachsüchtige, verlogene, sich selbst hassende preußische Jüdin – Megäre ohne Seele«.[353] Fraglos hatten die Kritiker in ihrer Rede vom Selbsthass unrecht.[354] Für Arendt gehörte ihr »Judesein [...] zu den unbezweifelbaren Gegebenheiten« ihres Lebens und niemals hatte sie »an solchen Faktizitäten [...] etwas ändern wollen«.[355] Die Prozessbeobachtung hatte sie als Jüdin angestrebt und den Prozessbericht als Jüdin geschrieben. Gerade ihr Jüdinsein veranlasste sie und gab ihr auch die Freiheit, kritisch zu sein.

Gershom Scholems Vorwurf, ihr fehle es an »Liebe zu den Juden«,[356] bestätigte Arendt allerdings, indem sie Scholems Rede für sich verwarf. Volksliebe, ethnisch motivierte Liebe gab es für Arendt nicht. Liebe empfand sie nur zu Menschen, zu Freunden. Liebe zu einem Volk, einem Kollektiv war ihr unmöglich. Gegenüber dem Freund betonte sie, die ihr abverlangte Liebe zum jüdischen Volk erscheine ihr suspekt, impliziere sie doch fragwürdige Selbst- bzw. Eigenliebe.[357]

Wieviel Zorn Arendt hervorrief, machte ein akademischer Kritiker deutlich. Er entblödete sich 1963 nicht, die Autorin und andere, die noch rechtzeitig davongekommen und deshalb »nicht dabei« gewesen waren, »Schreibtisch-Helden und -Heldinnen«[358] zu nennen, die wohlfeil von der »Kollaboration« der ohnmächtigen jüdischen Funktionäre schwadronierten.

Anders als Chefankläger Gideon Hausner hielt Arendt den Opfern nicht vor, kampflos sich in ihr Schicksal ergeben zu haben. Auch von den jüdischen Funktionären erwartete sie keinen Heldenmut. Ihr Standpunkt war denkbar einfach. Gegenüber Scholem legte sie dar: »Da wir es in der Politik mit Menschen und nicht mit Helden oder Heiligen zu tun haben, ist« die »Möglichkeit der non-participation offenbar für die Beurteilung des einzelnen, nicht des Systems, entscheidend«.[359] In der »Kooperation der jüdischen Funktionäre« erkannte sie »das Stück ›unbewältigte Vergangenheit‹«[360] für Juden nach der Shoah. Gerade als Jüdin meinte Arendt, auf diesen Umstand ungeschminkt hinweisen zu müssen. In der »unbewältigten Vergangenheit« der Juden sah sie einen blinden Fleck insbesondere im Denken nach Auschwitz, das ohne Sentimentalität auskommen musste. Denken und Urteilen nach Auschwitz hieß für Arendt, die so überaus schmerzliche Vergangenheit ungeschützt und unverstellt in den Blick zu nehmen. Die Verengung der Perspektive auf die maßlose Schuld der Täter und das unsagbare Schicksal und Leid der wehrlosen und unschuldigen Opfer verbot sich für sie. So einfach stellte sich das von Deutschen unter totalitärer Herrschaft begangene Menschheitsverbrechen nicht dar. Für Arendt gab es während der Shoah Juden in Führungspositionen, die als Opfer »Unrecht« getan hatten. Dieses von jüdischen Funktionären am jüdischen Volk verübte Unrecht machte sie jedoch keineswegs zu Mittätern oder zu Gehilfen im strafrechtlichen Sinne. Ihr erzwungenes Mitmachen war Arendt zufolge nicht justiziabel. Doch Tun und Lassen der Funktionäre erregte sie als Jüdin mehr »als das Unrecht, das andere Völker«[361] als erklärte Feinde der Juden an Juden begangen hatten.

Das Gebot, sich ein Urteil zu bilden, die Notwendigkeit, Selber-zu-Denken, hat Arendt zu den in ihrem Bericht formulierten Erkenntnissen geführt. Aus ihrem Stil und Ton spricht der Schmerz, den sie ob der Realität dessen, was nie hätte geschehen dürfen, empfand. Stil und Ton waren für sie die Mittel, das Entsetzen, die Trauer, den Schmerz überhaupt aushalten zu können.

Die Kritik an Arendts Schreibweise ist bis heute nicht verstummt. Der Arendt gewogene Amos Elon schreibt: »Der Ton ist herrisch, voller Professorenherrlichkeit und geprägt von einem Übermaß an Sarkasmus und Ironie«.[362] In einem Anfang der 2010er Jahre geführten, gewiss sorgfältig überarbeiteten Gespräch spricht Saul Friedländer von »einer gewissen Form der Arroganz«[363] in Arendts »Ton« und von ihrer »unkontrollierte[n] Subjektivität«, die in ihrem Eichmann-Buch »massiv«[364] hervortrete. »Insgesamt gesehen« stimmte er »mit Scholem überein, dass [Arendt; W.R.] keine Empathie für die Opfer der Shoah hegt, dass es ihr ›an Liebe zum jüdischen Volk mangelt‹«.[365]

Für Arendt war ihr Prozess-Bericht nicht der Ort, Empathie zum Ausdruck zu bringen, Emotionen zu verbalisieren, Mitleiden zu artikulieren. Sie erlegte sich Strenge auf, um einen klaren Kopf zu behalten. In ihrer von ihr immerfort betonten Rolle als Beobachterin, die die verhandelten Tatsachen wiederzugeben als ihre vornehmste Aufgabe betrachtete, verboten sich bei der Darstellung eines Rechtsverfahrens Mitgefühl und Pathos.

Arendts Erfolg bei den Deutschen

Arendts Bericht über den Eichmann-Prozess widerfuhr trotz der vielfältigen Versuche ihrer deutschen Gegner in der Bundesrepublik nicht das Schicksal, das Raul Hilbergs große Darstellung der Geschichte des Holocaust erleiden musste. Arendt, mit rund einem halben Dutzend Bücher in Westdeutschland bereits vertreten und seit Ende der 1950er Jahre beim Münchner Piper Verlag etabliert, konnte zur Frankfurter Buchmesse im September 1964 ihren Bericht präsentieren. Durch Pressekonferenz, Interviews im Rundfunk und im Fernsehen erfuhr das Buch breite Resonanz. Anders erging es dem Historiker, dessen Werk für Arendts Prozessbericht so grundlegend gewesen war. Hilbergs profunde Studie von 1961 fand hierzulande keinen Verleger. Renommierte Historiker sprachen sich gegen das Buch aus.[1] Erst 1982 erschien es in deutscher Übersetzung in einem kleinen Verlag.

Der Eichmann-Prozess war von den Deutschen aufmerksam zur Kenntnis genommen worden.[2] Die Presseberichterstattung[3] war umfangreich, die Sendungen des Norddeutschen Rundfunks gründlich.[4]

Bücher über den Mord an den europäischen Juden, den man seit Anfang der sechziger Jahre »Holocaust« zu nennen pflegte, hatten es in der Bundesrepublik freilich nicht leicht. Ganz zu schweigen von der DDR, in der das deutsche Menschheitsverbrechen kein Thema war, obgleich

Dokumentensammlungen erschienen waren.[5] Umso erstaunlicher ist es, dass sich Arendts Bericht hierzulande gut verkaufte. Alle Anstrengungen ihrer Kritiker, Leserinnen und Leser von dem angeblich Schaden anrichtenden Werk abzuhalten, schlugen fehl. Der Verlag startete mit einer Erstauflage von 12.000 Exemplaren. Von der günstigen Paperback-Ausgabe erschienen innerhalb von zwölf Jahren vier Auflagen mit insgesamt 21.000 Exemplaren.

Werner Avner Less, der Eichmann verhört hatte, meinte 1978 in einem Brief an Robert M. W. Kempner, es sei »nicht verwunderlich, dass eine 4. Auflage« gedruckt werde, denn es sei »schließlich [...] der deutschen Leserschaft viel sympathischer, sich von der Banalität des Bösen trösten zu lassen, denn wer möchte immer wieder an seine Schandtaten – egal ob aktiv oder passiv verursacht – erinnert werden?« Less erlag mit seiner Kritik einer der möglichen, gleichwohl missverständlichen Lesarten des Buches, wies jedoch auf eine mögliche Rezeptionsweise des Buches hin.

Die vom Rowohlt Taschenbuchverlag 1978 in einem unveränderten Nachdruck veröffentlichte Ausgabe kam in 18.000 Exemplaren heraus. 1986 verantwortete der Historiker Hans Mommsen eine Neuausgabe bei Piper, der er einen umfangreichen Essay beisteuerte.

Um eine Überarbeitung des Textes bemühten sich erstaunlicherweise weder Verlag noch Vorwortschreiber. Wurde Arendts Buch nicht nur von der Zunft als nichtwissenschaftliche Publikation betrachtet? Maß man den im Buch vorkommenden Fehlern keine Bedeutung bei? Wurden sie als lässliche Fehlleistungen einer Fachfremden bewertet?

Viel Sorgfalt wendete der Piper Verlag 1964 für die deutsche Ausgabe nicht auf. Zurecht beanstandete Fehler wurden im Text nicht oder uneinheitlich berichtigt.[6] Erst 2011 erschien eine um die gröbsten Versehen und Druckfehler bereinigte Ausgabe, die dennoch noch eine nicht geringe Anzahl von Fehlern enthält. Im Rahmen der von Thomas Meyer herausgegebenen Neu-Edition von Arendts Werken wird im Dezember 2021 eine verbesserte Ausgabe erscheinen.

Insgesamt verkaufte der Piper Verlag über 50.000 Exemplare von Arendts Bericht. Eine 1990 beim Leipziger Reclam Verlag erschienene Ausgabe blieb in der Wendezeit wohl weitgehend unbeachtet.

Die in einer Rezension geäußerte Befürchtung, das bundesdeutsche Anti-Arendt-Buch *Die Kontroverse* könnte *Eichmann in Jerusalem* aus der »Lesergunst«[7] verdrängen, bestätigte sich also nicht. Arendt hatte Erfolg bei den Bundesdeutschen. Recht gründlich verkannte die Autorin ihre Leserschaft, als sie an Jaspers skeptisch schrieb, »den Deutschen« werde ihr Buch »gar nicht recht sein. Ich habe außerordentlich offen geschrieben, was ich meine.«[8]

Wie erklärt sich Arendts Erfolg? Ihr Bericht war fraglos ein gut, wenn auch nicht leicht lesbares Buch. Störende Quellenangaben fehlten weitgehend. Mit einem wissenschaftlichen Anmerkungsapparat, mit dem Nachweis ihrer vielen Zitate, behelligte Arendt in der Buchausgabe ihr Lesepublikum nicht. Kommen gelegentlich Hinweise auf die verwendete, in der Bibliografie aufgeführte Literatur vor, fehlen nahezu immer die Seitenangaben. Nicht wenige Informationen vom Hörensagen fanden gefällige Berücksichtigung. Manch interessante Abschweifung wob Arendt in die Darstellung ein. Selbst Gerüchte und Mutmaßungen fanden Platz. Zitiert die Autorin Eichmann, ist oftmals nicht deutlich, ob es sich um das Polizeiverhör oder um das Gerichtsprotokoll handelt.

Selbstverständlich sollte und konnte ein Report für ein Wochenmagazin keine wissenschaftliche Studie mit nachprüfbaren Belegen sein. Um Geschichtsschreibung, um rechtstheoretische oder moralphilosophische Erörterungen ging es Arendt, wie bereits mehrfach betont, nicht. Auch das Buch beschränkte sich auf Berichterstattung. Arendt wusste sehr genau, in nicht immer überzeugender Bescheidenheit wies sie in ihrer Korrespondenz darauf hin, dass sie wohl viele interessante Fragen aufgeworfen, aber wenige befriedigende Antworten gegeben hatte. In einem Brief heißt es: »Das Schreiben war mir [...] eine cura posterior. Aber, dass es mir wirklich darauf ankommt, ›die Grundlagen einer neuen politischen Moral zu schaffen‹, ist natürlich wahr, wenn ich es auch so aus Bescheidenheit nie formuliert habe.«[9] Am Exempel Eichmann wollte Arendt aufzeigen, welche persönliche Verantwortung einem Menschen als recht verstandener moralischer Person auch unter totalitärer Herrschaft zukommt. Als sie 1962 in New York ihren Bericht verfasste, musste sie sich beschränken, weil ihr Denken durch die Erfahrung Eichmann zwar tiefgreifende Änderungen erfahren hatte, sie aber noch zu keinen haltbaren Ergebnissen gekommen war. Auf den aufrichtigen Brief eines vormaligen Kritikers, der ihr Buch zusammen mit Robinsons Werk nochmals gelesen hatte und zu dem Schluss gelangt war, dass er selbst und ebenso Arendts Kritiker falsch gelegen hatten, antwortete sie nicht weniger offen. Sie gestand ein, beim Schreiben des Berichts selbst noch keine Antworten auf ihre eigenen Fragen gehabt zu haben.[10]

Für Arendt war es im Verlauf des Prozesses und mehr noch beim Studium der Verfahrensunterlagen »von hohem politischem Interesse festzustellen, wie lange ein durchschnittlicher Mensch dazu braucht, seinen eingeborenen Abscheu vor Verbrechen zu überwinden, und wie er sich im einzelnen verhält, wenn er diesen Punkt erreicht hat. Auf diese Frage hat der Fall Adolf Eichmann eine Antwort gebracht, die gar nicht klarer und präziser hätte sein können.« (EJ, S. 128) Wie aus »ganz normalen Männern«[11] Massenmörder werden konnten, hatte sie an Eichmann studieren können. Die ethischen Fragen, die diese Feststellung aufwarf, waren jedoch noch nicht beantwortet. In Ansätzen aber nahm Arendt Erkenntnisse vorweg, die die Täterforschung auf breiter Quellenbasis erst rund ein halbes Jahrhundert nach den NS-Verbrechen formuliert hat.

Wie erklärt sich also Arendts Erfolg bei den Deutschen? Viele Fragen lassen sich stellen. Sie harren alle einer überzeugenden Antwort.

Delektierte es sich an dem »Krieg« zwischen Arendt und den Juden, von dem sie 1966 hoffnungsfroh und voreilig Jaspers gegenüber glaubte, er sei beendet?[12]

War das Buch wegen seiner israelkritischen, nichtzionistischen Perspektive den Deutschen willkommen?

Fühlten sich die Tätergenerationen und ihre Nachkömmlinge entlastet, weil nach Arendt ein nahezu motivloser und ideologiefreier Akteur (die als harmlos missverstandene »Banalität des Bösen« verkörpernd) individuell zur Verantwortung gezogen worden war?

Gefiel dem deutschen Lesepublikum der jüdischerseits scharf kritisierte Ton und Stil Arendts?

Konnte das deutsche Menschheitsverbrechen aufgrund von Arendts oft ironischer und unpathetischer Schreibweise leichter rezipiert werden?

Goutierte das deutsche Lesepublikum in seinem eingebildeten und aufgesetzten, von Arendt scharf kritisierten Schuldgefühl (EJ, S. 298) ihre Deutschland-Kritik?

Kam den Deutschen ein »Sündenbock«, abgeurteilt im fernen Ausland von als vergeltungssüchtig betrachteten Juden, gerade recht?

Trösteten sie sich damit, dass nicht nur sie, sondern auch die Juden, wie Arendt meinte, eine »unbewältigte Vergangenheit« hatten?

War Arendts Eichmannbild zur Freude und zur Entlastung der Deutschen geeignet, bundesdeutsche Schwurgerichte in NS-Prozessen zu verleiten, Angeklagte nur als bloße Gehilfen und nicht als Mittäter[13] zu qualifizieren, sie mithin zu milden Strafen zu verurteilen?

Konnte gar durch Arendts Rede vom motivlosen und ideologiefreien Eichmann eine der Grundlagen der bundesdeutschen Rechtsprechung, »die Frage der subjektiven Teilnahme«[14] problematisch werden?

Läutete somit Arendt mit ihrer Eichmann-Darstellung das von nicht wenigen Deutschen ersehnte Ende der Ahndung der NS-Verbrechen ein?

Lasen die Deutschen Arendts Prozess-Bericht erleichtert, weil sich Martin Bubers Besorgnis bestätigte, die sich schuldig fühlende deutsche Jugend betrachte die bedrückende Schuld mit Eichmanns Hinrichtung als gesühnt?

Leistete Arendt den Schlussstrich-Propagandisten unwillentlich mit ihrem Eichmann-Bild Vorschub?

Hatte sie, indem der Jerusalemer Prozess Eichmann in einen Menschen verwandelte, mit ihrer Entdämonisierung des Angeklagten die Last der Vergangenheit für Deutsche erträglicher gemacht?

Fühlten sich die Deutschen wegen Arendts Ablehnung jeglicher Kollektivschuld von der Vergangenheitslast befreit?

Oder nahmen sie mit Arendt und Jaspers die »Kollektivhaftung im politischen Bereich« (EJ, S. 25) verantwortlich an?

War man im Lande der Täter begierig, das Buch einer, wie viele Kritiker meinten, sich selbst hassenden Jüdin zu lesen?

Interessierte die Deutschen der Prozess und somit Arendts Bericht, weil Premierminister David Ben Gurion und der Ankläger Gideon Hausner größten Wert darauf legten, zwischen Nazi-Deutschland und dem neuen, geläuterten und versöhnungsbereiten Deutschland scharf zu unterscheiden?

Gefiel den Deutschen Arendts streng rechtsstaatliche Auffassung, im Prozess müsse es allein um die Taten des Angeklagten und nicht um die Leiden der Juden gehen?

Befürworteten sie die Ansicht der Prozessberichterstatterin, in Jerusalem müsse ausschließlich Eichmann der Prozess gemacht werden und nicht dem deutschen Volk, der Menschheit, dem Antisemitismus und dem Rassenhass?

Tröstete die Deutschen Arendts Loblied auf die deutschen Juden in Gestalt der nach Gerechtigkeit strebenden Jerusalemer Richter?

Kam ihnen Arendts Bericht gelegen, weil überaus strittig war, ob es einem nationalen Gericht gelingen konnte, der Gerechtigkeit zum Sieg zu verhelfen?

Arendts Buch war eine Wundertüte, aus der gezogen werden konnte, was immer passend und gerade wohlfeil dünkte. Ihr Buch, weder eine umfassende Darstellung des Prozessverlaufs, noch eine systematische Geschichte des Holocaust, weder eine Biografie Eichmanns, noch eine Historie des jüdischen, von den Deutschen beinahe ausgerotteten Volkes, weder eine Studie über die Verfolgung und Ahndung der NS-Verbrechen, noch eine Untersuchung der Rechtsgrundlagen für die Aburteilung von Menschheitsverbrechern, nennt Dan Diner eine »apokryphe Schrift«.[15]

In Arendts eigenen Worten könnte man von ihrem Eichmann-Buch auch sagen, was sie über Karl Marxens Schrift *Zur Judenfrage* meinte. Ihr zufolge handelte es sich um ein Werk, »das historisch fehlerhaft und in vielen Aspekten ungerecht«[16] war. Doch dies wäre ein zu pauschales Urteil.

Anmerkungen

Einleitung

1 Arendt an Scholem (14.9.1963), in: Hannah Arendt/Gershom Scholem, *Der Briefwechsel.* Hrsg. von Marie Luise Knott. Unter Mitarbeit von David Heredia, Berlin: Jüdischer Verlag im Suhrkamp Verlag, 2000, S. 459.

2 Arendt an Jaspers (29.1.1946), in: Hannah Arendt/Karl Jaspers, *Briefwechsel 1926–1969.* Hrsg. von Lotte Köhler und Hans Saner, München u.a.: Piper Verlag, 1987, 2. Aufl., S. 67.

3 Elisabeth Young-Bruehl, *Hannah Arendt. Leben, Werk und Zeit.* Aus dem Amerikanischen von Hans Günter Holl, Frankfurt am Main: S. Fischer Verlag, 1986, S. 163.

4 Günter Gaus, *Zur Person. Porträts in Frage und Antwort.* München: Feder Verlag 1964, S. 24. Im Interview vom 16.9.1964 (gesendet am 28.10.1964, ZDF) heißt es: »Das Entscheidende ist der Tag gewesen, an dem wir von Auschwitz erfuhren.« (ebd.) Und: »Das war wirklich, als ob der Abgrund sich öffnet.« (ebd., S. 25)

5 So in ihrer »Zueignung an Karl Jaspers« von 1948 (Hannah Arendt, *Sechs Essays,* Heidelberg: Verlag Lambert Schneider, 1948, S. 9) und in ihrem Beitrag »Ideologie und Terror« in der Jaspers-Festschrift *Offener Horizont. Festschrift für Karl Jaspers.* Hrsg. von Klaus Piper, München: Piper Verlag, 1953, S. 230. Der Text ist Kapitel 13 in: Hannah Arendt, *Elemente und Ursprünge totaler Herrschaft,* Frankfurt am Main: Europäische Verlagsanstalt, 1955, S. 725–752. – Die Formulierung gebrauchte Arendt wiederholt, so z.B. in ihrem Interview mit Günter Gaus (Gaus, *Zur Person,* S. 25) und in ihrer Ethik-Vorlesung 1965 (in: Hannah Arendt, *Über das Böse. Eine Vorlesung zu Fragen der Ethik.* Aus dem Nachlaß hrsg. von Jerome Kohn, übersetzt aus dem Englischen von Ursula Ludz, mit einem Nachwort von Franziska Augstein, München, Zürich: Piper Verlag, 2006, S. 17).

6 Arendt an Blumenfeld (19.7.1947), in: Hannah Arendt/Kurt Blumenfeld, *»... in keinem Besitz verwurzelt«. Die Korrespondenz.* Hrsg. von Ingeborg Nordmann und Iris Pilling, Hamburg: Rotbuch Verlag, 1995, S. 43.

7 Hannah Arendt, *The Origins of Totalitarianism,* New York: Harcourt, Brace, 1951. Siehe hierzu Alfons Söllner, *ad Hannah Arendt. Elemente und Ursprünge totaler Herrschaft,* Hamburg: Europäische Verlagsanstalt, 2021.

8 Gaus, *Zur Person,* S. 21.

Arendts Grundüberzeugungen

1 Hannah Arendt, *Eichmann in Jerusalem. A Report on the Banality of Evil,* New York: The Viking Press, 1963; deutsche Ausgabe: Hannah Arendt, *Eichmann in Jerusalem. Ein Bericht von der Banalität des Bösen.* Aus dem Amerikanischen von Brigitte Granzow, München: Piper Verlag, 1964.

2 Immanuel Kant, *Zum ewigen Frieden. Ein philosophischer Entwurf,* in: Immanuel Kant, *Werke in zehn Bänden,* Hrsg. von Wilhelm Weischedel, Darmstadt: Wissenschaftliche Buchgesellschaft, 1968, Band 9, S. 200. Siehe auch den Verweis auf Kant, in: Hannah Arendt, *Was ist Politik? Fragmente aus dem Nachlaß.* Hrsg. von Ursula Ludz. Vorwort von Kurt Sontheimer, München, Zürich: Piper Verlag, 1993, S. 132 f. und die Anm. 62 von Ursula Ludz, ebd., S. 210.

3 So Arendt bereits in ihrem Essay »Über den Imperialismus« in: Arendt, *Sechs Essays,* S. 27. Arendt schreibt den Begriff in Anführungszeichen. Sie entlehnte ihn Carthills, *The Lost Dominion,* Edinburgh, London 1924 (dt.: *Verlorene Herrschaft. Wie England Indien aufgab.* Einzig berechtigte Übertragung von Martha Haushofer. Einführung von Karl Haushofer, Berlin-Grunewald: Kurt Vowinckel Verlag, 1924, S. 89). Carthill schreibt von Formen des politischen Mords in England: »Es gibt aber in der englischen Geschichte Beispiele, die zeigen könnten, daß die Briten, wenn sich die Gelegenheit dazu bietet, in diesem Zweig der Verwaltung überraschende Tatkraft und Gründlichkeit entfalten können. Der ›Verwaltungsmassenmord‹, wie man diese Art füglich nennen kann, ist natürlich dem Orientalen sehr vertraut.« (ebd., S. 89) In der Geschichte der »orientalische[n] Dynastie[n]« kommt nach Carthill »Verwaltungsmassenmord häufig vor« (ebd., S. 90), bedrängte, nicht abdankungswillige Herrscher sähen im »Massenmord die einzige Lösung« (ebd.). Carthill unterscheidet sodann den »Verwaltungsmord« vom »politische[n] Massenmord«, die Bartholomäusnacht ist ihm ein Beispiel (ebd., S. 92). – Siehe den Hinweis auf Carthill in: Arendt, *Elemente und Ursprünge,* S. 238, Anm. 32 und S. 292, Anm. 39 und den Kommentar von Barbara Hahn und Christian Pischel in: Hannah Arendt, *Sechs Essays. Die verborgene Tradition.* Hrsg. von Barbara Hahn. Unter Mitarbeit von Barbara Breysach und Christian Pischel, Göttingen: Wallstein Verlag, 2019, S. 350 (Kritische Gesamtausgabe, Bd. 3).

4 Arendt, »Zueignung«, S. 9.

5 Arendt, »Ideologie und Terror«, S. 231.

6 Hannah Arendt, »Tradition und die Neuzeit«, in Hannah Arendt, *Fragwürdige Traditionsbestände im politischen*

Denken der Gegenwart. Vier Essays, Frankfurt am Main: Europäische Verlagsanstalt, o. J. [1957], S. 24 f.

7 Arendt, »Ideologie und Terror«, S. 230 f. und Arendt, *Elemente und Ursprünge,* S. 726.

8 Siehe hierzu Arendts Brief vom 18.7.1963 an Herbert Jäger, Library of Congress (LoC), Hannah Arendt Papers (HAP), Adolf Eichmann File (AEF), 1938-1968, Correspondence-Misc.-German and French languages-H-K-1963-1965.

9 EJ = Hannah Arendt, *Eichmann in Jerusalem. Ein Bericht von der Banalität des Bösen.* Aus dem Amerikanischen von Brigitte Granzow. München: Piper Verlag, 1964.

10 Arendt an Yahil (19.12.1961), in: »›Liebe Hannah Arendt...‹. Ein Briefwechsel zwischen Leni Yahil und Hannah Arendt, 1961–1971«, in *Mittelweg 36,* Jg. 19, H. 2, 2010, S. 17.

11 Ebd.

12 Hannah Arendt, *Denktagebuch. 1950 bis 1973. Erster Band.* Hrsg. von Ursula Ludz und Ingeborg Nordmann, München, Zürich: Piper Verlag, 2002, S. 242 [Eintrag von September 1952].

13 Siehe hierzu Boris Burghardt, »Die Untätigkeit des Gesetzgebers. Keine Sondernormen für NS-Verbrechen«, in: *Das Bundesministerium der Justiz und die NS-Vergangenheit. Bewertungen und Perspektiven.* Hrsg. von Gerd J. Nettersheim und Doron Kiesel, Göttingen: Vandenhoeck & Ruprecht, 2021, S. 187–203.

14 Der NS-Gesetzgeber novellierte 1941 den § 211 des 1871 in Kraft getretenen Strafgesetzbuchs.

15 Arendt an Jaspers (14.3.1965), in: Arendt/Jaspers, S. 623.

16 Karl Jaspers, *Die Schuldfrage,* Heidelberg: Verlag Lambert Schneider, 1946.

17 Arendt an Jaspers (17.8.1946), in: Arendt/Jaspers, S. 90. Ebenso: »For Goering the death penalty is almost a joke, and he, like all his fellow-defendants at Nuremberg, knows that we can do no more than make him die but a little earlier than he would have done anyhow.« (Hannah Arendt, »The Image of Hell« [Rezension von *The Black Book. The Nazi Crime against the Jews,* New York 1946 und Max Weinreich, *Hitler's Professors,* New York 1946], in *Commentary,* Vol. 2, No. 3, 1946, S. 292; siehe auch Hannah Arendt, *Essays in Understanding, 1930–1954. Formation, Exile, and Totalitarianism.* Edited and with an Introduction by Jerome Kohn, New York Schocken Books, 2005, S. 200 (dt.: Hannah Arendt, *Wir Juden. Schriften 1932 bis 1966.* Zusammengestellt und herausgegeben von Marie Luise Knott und Ursula Ludz, München: Piper Verlag, 2019, S. 319).

18 Arendt, »The Image of Hell«, S. 292.

19 Im Brief vom 22.4.1951 an Eric Voegelin heißt es: »Ist es nicht grotesk, von Mord zu sprechen, wenn man mit der Errichtung kostspieliger Fabriken zur Herstellung von Leichnamen konfrontiert ist? Oder Menschen zu sagen, ›Du sollst nicht töten‹, wenn diese an solchen Morden weder ein Interesse hatten noch sich sonst etwas Böses (im traditionellen Sinne) dachten?« (Hannah Arendt/Eric Voegelin, *Disput über den Totalitarismus.* Texte und Briefe. Hrsg. vom Hannah-Arendt-Institut in Zusammenarbeit mit dem Voegelin-Zentrum für Politik, Kultur und Religion der LMU München. Mit einer Einleitung von Ursula Ludz und Kommentaren von Ingeborg Nordmann und Michael Henkel, Göttingen: V&R unipress, 2015, S. 37)

20 Hannah Arendt, »Nightmare and Flight« [Rezension des Buches von Denis de Rougemont, *The Devil's Share,* 1945], in: *Partisan Review,* Vol. XII, No. 2, 1945, S. 259; ebenso in: Arendt, *Essays in Understanding 1930–1954,* S. 134.

21 Arendt, *Elemente und Ursprünge,* S. 721. Siehe ebenso Arendt, *Denktagebuch. Erster Band,* S. 341 [Eintrag von April 1953] und Hannah Arendt, *Vita activa oder Vom tätigen Leben,* München: Piper Verlag, 1960, S. 236.

22 Arendt, *Elemente und Ursprünge,* S. 722. Siehe auch Arendt, *Denktagebuch. Erster Band,* S. 7 [Eintrag von Juni 1950] und Hannah Arendt, »The History of the Great Crime« [Rezension von Léon Poliakov, *Bréviaire de la Haine. Le IIIe Reich et les Juifs,* Paris 1951], in: *Commentary,* Vol. 13, No. 3, 1952, S. 304; ebenso in: Hannah Arendt, *The Jewish Writings.* Edited by Jerome Kohn und Ron H. Feldman, New York: Schocken Books, 2007, S. 460.

23 Arendt, *Denktagebuch. Erster Band,* S. 7 [Eintrag von Juni 1950].

24 Hannah Arendt, »Answers to Questions submitted by Samuel Grafton«, in: Arendt, *The Jewish Writings,* S. 475.

25 Siehe Arendt, *Denktagebuch. Erster Band,* S. 116 und S. 128. Siehe auch Arendt an Jaspers (4.3.1951), in: Arendt/Jaspers, S. 202.

26 Arendt, »Answers to Questions«, S. 475.

27 Ebd.

Arendts Versuchung

1 Siehe *Major Knesset Debates, 1948–1981,* Vol. 4. Edited by Netanel Lorch, Boston: University Press of America, 1993, S. 1141. Zur Entführung Eichmanns siehe Werner Renz, »Anmerkungen zur Entführung Adolf Eichmanns«, in:

Zeitschrift für Geschichtswissenschaft, Jg. 67, H. 12, 2019, S. 1031–1043 und die dort verwendete Literatur.

2 Arendt an McCarthy (20.6.1960), in: Hannah Arendt/Mary McCarthy, *Im Vertrauen. Briefwechsel 1949–1975.* Hrsg. und mit einer Einführung von Carol Brightman. Aus dem Amerikanischen von Ursula Ludz und Hans Moll, München, Zürich: Piper Verlag, 1996, S. 150. Siehe auch die späteren Briefe: Arendt an Jaspers (4.10.1960), in: Arendt/Jaspers, S. 438 f. und Arendt an Blumenfeld (23.10.1960), in: Arendt/Blumenfeld, S. 257.

3 Siehe die Bibliografie von Ursula Ludz, in: Hannah Arendt, *Ich will verstehen. Selbstauskünfte zu Leben und Werk.* Mit einer vollständigen Bibliographie. Hrsg. von Ursula Ludz, München, Zürich: Piper Verlag, 1996, S. 255–332.

4 Arendt an McCarthy (8.10.1960), in: Arendt/McCarthy, S. 171.

5 Arendt an Blumenfeld (23.10.1960), in: Arendt/Blumenfeld, S. 257.

6 So Arendt auch an Blumenfeld, ebd.

7 Arendt an Blumenfeld (28.3.1961), ebd., S. 259. Im Brief an McCarthy (20.6.1960) heißt es bereits: Über den Eichmann-Prozess zu berichten, »könnte interessant sein – abgesehen davon, daß es schrecklich wird« (Arendt/McCarthy, S. 150).

8 Arendt an Scholem (3.11.1960), in: Arendt/Scholem, S. 419.

9 Arendt an Wolff (2.12.1960), in: Hannah Arendt, *Wie ich einmal ohne dich leben soll, mag ich mir nicht vorstellen. Briefwechsel mit den Freundinnen Charlotte Beradt, Rose Feitelson, Hilde Fränkel, Anne Weil und Helen Wolff.* Hrsg. von Ingeborg Nordmann und Ursula Ludz, München: Piper Verlag, 2017, S. 550.

10 So Arendt in einem Brief vom 20.12.1960, siehe Young-Bruehl, *Hannah Arendt,* S. 452.

11 Arendt an Jaspers (2.12.1960), in: Arendt/Jaspers, S. 446.

12 Arendt, »Answers to Questions«, S. 474.

13 Ebd., S. 475.

14 Arendt an Meier-Cronemeyer (18.7.1963), LoC, HAP, AEF, 1938-1968, Correspondence-Misc.-German and French languages-L-N-1963-1966.

15 Arendt, »Answers to Questions«, S. 482.

16 Ebd.

17 Arendt, »The History of the Great Crime« [1952], S. 458. Mit Blick auf den Beginn der Deportationen schreibt Poliakov: »But Heydrich and Eichmann [...] have been eagerly looking forward to the moment when they could make the Jews

disappear from the Third Reich« (Léon Poliakov, *Harvest of Hate*. Introduced by Lord Russell of Liverpool. Forewords by François Mauriac and Reinhold Niebuhr, London: Elek Books, 1956, S. 147). Gerald Reitlinger hatte allerdings Eichmanns Rolle bereits zurechtgerückt. Er schreibt: »In any case the murders in which Eichmann had a direct hand numbered less than a million, for his connection with the massacres in Poland and Russia seems rather remote.« (Gerald Reitlinger, *The Final Solution. The Attempt to Exterminate the Jews of Europe 1939–1945*, London: Vallentine, Mitchell, 1953, S. 27)

18 Hannah Arendt/Joachim Fest, *Eichmann war von empörender Dummheit. Gespräche und Briefe*. Hrsg. von Ursula Ludz und Thomas Wild, München, Zürich: Piper Verlag, 2011, S. 42.

19 Arendt an Jaspers (23.12.1960), in: Arendt/Jaspers, S. 454.

20 »Auf keinen Fall werde ich dort [Jerusalem; W.R.] schreiben.« (Arendt an Jaspers (5.2.1961), ebd., S. 460)

21 Arendt an Jaspers (27.3.1961), ebd., S. 467 und Arendt an Scholem (undatiert), in: Arendt/Scholem, S. 425.

22 Recht flapsig angesichts des Angeklagten und des Verhandlungsgegenstands meinte Arendt, sie »werde wohl keinesfalls mehr als einen Monat auf den ›Spaß‹ verwenden« (Arendt an Jaspers (2.12.1960), in: Arendt/Jaspers, S. 446). Siehe auch Arendt an Wolff (27.3.1961), in: Arendt, *Wie ich einmal*, S. 562.

23 Arendt an Jaspers (5.2.1961), in: Arendt/Jaspers, S. 460.

24 Jaspers an Arendt (14.10.1960), ebd., S. 440.

25 Arendt an Jaspers (2.12.1960), ebd., S. 445. Jaspers entwickelte in seiner Korrespondenz mit Arendt am Vorabend des Prozesses verschiedenste Gedanken, wie der Fall Eichmann zu behandeln wäre. Fest stand für ihn: »Der Fall Eichmann geht die Menschheit an und sollte nicht zu einer israelischen Sache verkümmern.« (Jaspers an Arendt (14.2.1961), ebd., S. 460)

26 Wegen der vom Zaun gebrochenen Kampagne gegen Arendt plante Jaspers ein Buch unter dem Titel »Vom unabhängigen Denken: Hannah Arendt und ihre Kritiker«. Siehe die Veröffentlichung von Hans Saner »Fragmente aus Karl Jaspers' Vom unabhängigen Denken: Hannah Arendt und ihre Kritiker«, in: *Jahrbuch der Deutschen Schillergesellschaft. Internationales Organ für neuere deutsche Literatur*. Im Auftrag des Vorstands hrsg. von Wilfried Barner u.a., Jg. 50, 2006, S. 27–43. Jaspers hatte wenige Tage vor Prozessbeginn in einem von Radio Basel gesendeten Interview seine Bedenken öffentlich gemacht. Siehe Karl Jaspers, *Provokationen. Gespräche und Interviews*. Hrsg. von Hans Saner, München: Piper Verlag, 1969, S. 101–107. Bettina Stangneth bereitet eine im

Rahmen der Jaspers-Gesamtausgabe (Schwabe Verlag, Basel/Berlin) erscheinende Ausgabe des Textes vor. Siehe ihren Aufsatz »›... eine menschliche Verbundenheit, die sich öffentlich zu zeigen wagt.‹ Karl Jaspers, Hannah Arendt und das *Hannah*-Buch«, in: Anton Hügli (Hrsg.), *Jaspers – Stationen seines philosophischen Wegs*, Basel: Schwabe Verlag 2021, S. 193–214. – Auch Max Horkheimer hatte im Dezember 1960 Einwände gegen den angekündigten Prozess notiert (Max Horkheimer, *Zur Kritik der instrumentellen Vernunft. Aus den Vorträgen und Aufzeichnungen seit Kriegsende.* Hrsg. von Alfred Schmidt, Frankfurt am Main: S. Fischer Verlag, 1967, S. 317–320 und ders., *Notizen 1950 bis 1969 und Dämmerung. Notizen in Deutschland.* Hrsg. von Werner Brede, Einleitung von Alfred Schmidt, Frankfurt am Main: S. Fischer Verlag, 1974, S. 148–151).

27 Hannah Arendt, »A Reporter at Large. Eichmann in Jerusalem«, in: *The New Yorker*, 16.2.1963, S. 40–113; 23.2.1963, S. 40–111; 2.3.1963, S. 40–91; 9.3.1963, S. 48–131; 16.3.1963, S. 58–134.

28 Arendt an Sternberger (27.7.1961), in: Hannah Arendt/Dolf Sternberger, *»Ich bin Dir halt ein bißchen zu revolutionär«. Briefwechsel 1946 bis 1975.* Hrsg. von Udo Bermbach, Berlin: Rowohlt Verlag, 2019, S. 204.

29 Arendt an McCarthy (20.5.1962), in: Arendt/McCarthy, S. 210.

30 Arendt an Sternberger (13.6.1962), in: Arendt/Sternberger, S. 210.

31 Arendt an Sternberger (6.8.1962), in: ebd., S. 214.

32 Arendt an Jaspers (undatiert, den Herausgebern des Briefwechsels zufolge Juli/August 1962), in: Arendt/Jaspers, S. 516.

33 Arendt an Jaspers (17.9.1962), ebd., S. 516.

34 Arendt an McCarthy (30.10.1962), in: Arendt/McCarthy, S. 224.

Arendts Israelperspektive

1 Dan Diner, »Hannah Arendt Reconsidered: Über das Banale und das Böse in ihrer Holocaust-Erzählung«, in: *Hannah Arendt Revisited: »Eichmann in Jerusalem« und die Folgen.* Hrsg. von Gary Smith, Frankfurt am Main: Suhrkamp Verlag, 2000, S. 124.

2 Hannah Arendt, »Völkerverständigung im Nahen Osten – eine Basis jüdischer Politik«, in: Hannah Arendt, *Vor Antisemitismus ist man nur noch auf dem Monde sicher. Beiträge für die deutsch-jüdische Emigrantenzeitung »Aufbau« 1941–1945.* Hrsg. von Marie Luise Knott, München, Zürich: Piper Verlag,

2000, S. 177. An Scholem schrieb Arendt 1946, »ein juedischer Nationalstaat« sei »ein gefaehrlicher und dummer Spass« (Arendt an Scholem, 21.4.1946), in: Arendt/Scholem, S. 110).

3 Siehe hierzu Omri Boehm, *Israel – eine Utopie.* Aus dem Englischen von Michael Adrian, Berlin: Propyläen, 2020, S. 49.

4 Arendt an Jaspers (23.12.1960), in: Arendt/Jaspers, S. 453.

5 Hilberg hatte sein Manuskript 1955 abgeschlossen und bei der Princeton University Press eingereicht. Der Verlag ließ es u.a. von Arendt evaluieren, die sich offenbar gegen eine Veröffentlichung aussprach. Siehe hierzu Raul Hilberg, *Unerbetene Erinnerung. Der Weg eines Holocaust-Forschers.* Aus dem Amerikanischen von Hans Günter Holl, Frankfurt am Main: S. Fischer Verlag, 1994, S. 127–135 und sein Vortrag auf einer Konferenz 1997 in Potsdam (Ulrike Weckel, »Hannah Arendts ›Eichmann in Jerusalem‹, Eine Tagung zur Historiographie des Holocaust«, in: *WerkstattGeschichte 18,* Jg. 6, November 1997, S. 104). Siehe ausführlich Anna Corsten, »›Immer wieder wie ein Gespenst kommt sie zurück.‹ Überlegungen zur Konfliktgeschichte von Hannah Arendt und Raul Hilberg«, in: *Raul Hilberg und die Holocaust-Historiographie,* hrsg. von René Schlott, Göttingen: Wallstein Verlag, 2019, S. 115–129.

6 Léon Poliakov, *Bréviaire de la Haine. Le IIIe Reich et les Juifs.* Préface de François Mauriac, Paris: Calmann-Lévy, 1951.

7 H. G. Adler, *Theresienstadt 1941–1945. Das Antlitz einer Zwangsgemeinschaft. Geschichte, Soziologie, Psychologie,* Tübingen: J.C.B. Mohr (Paul Siebeck), 1955; 2., verb. u. erg. Aufl., Tübingen 1960.

8 Arendt, *Elemente und Ursprünge,* S. 13. In ihrem Essay »Tradition und die Neuzeit« schreibt Arendt: »Kierkegaard, Marx und Nietzsche sind für uns Wegweiser zu einer Vergangenheit, die ihre Autorität verloren hat. Sie haben als erste ohne Leitung jedweder Autorität, gleichsam ganz und gar ohne Geländer, zu denken gewagt, wobei, ihnen kaum bewußt, das kategoriale Gerüst der großen Tradition sie noch hielt und ihnen noch eine Stätte bot.« (Arendt, *Fragwürdige Traditionsbestände,* S. 27)

9 1972 meinte Arendt auf einer Konferenz: »Ich habe eine Metapher [...] die ich niemals veröffentlicht [sic], sondern für mich selbst behalten habe. Ich nenne das ›thinking without bannister‹, auf deutsch: ›Denken ohne Geländer‹. Das heißt, wenn Sie Treppen hinauf- und hinuntersteigen, dann gibt es immer das Geländer, so daß sie nicht fallen. Dieses Geländer ist uns jedoch abhanden gekommen. So verständige ich mich

mit mir selbst. Und ›Denken ohne Geländer‹, das ist es in der Tat, was ich zu tun versuche.« (Arendt, *Ich will verstehen*, S. 110) In der »Zueignung an Karl Jaspers« von 1947 legt Arendt dar, dass es im Denken allein auf die Wahrheit ankomme, »daß man im Freien leben und denken muß und nicht in einem noch so schön eingerichteten ›Gehäuse‹ [...]« (Arendt, *Sechs Essays*, S. 7).

Der Prozess: Rechtsgrundlagen

1 Siehe »The Crime of Genocide (Prevention and Punishment) Law«, in: *Laws of the State of Israel*, Vol. 4, 5710–1949/50. Authorised Translation from the Hebrew. Prepared at the Ministry of Justice, Jerusalem 1950, S. 101–102 und Chaim Cohn, *Aus meinem Leben. Autobiografie.* Aus dem Hebräischen von Eva-Maria Thimme unter Mitarbeit von Jonathan Nieraad, Berlin: Suhrkamp Verlag Jüdischer Verlag, 2019, S. 375.

2 *Laws of the State of Israel*, Vol. 4, S. 154–158.

3 Siehe Michael J. Bazyler/Julia Y Scheppach, »The Strange and Curious History of the Law Used to Prosecute Adolf Eichmann«, in: *Loyola of Los Angeles International and Comparative Law Review*, Vol. 34, No. 3, 2012, S. 417–461.

4 Idith Zertal, *Nation und Tod. Der Holocaust in der israelischen Öffentlichkeit.* Aus dem Hebräischen übersetzt von Markus Lemke, Göttingen: Wallstein Verlag, 2003, S. 99.

5 Siehe Isaiah Trunk, *Judenrat. The Jewish Councils in Eastern Europe under Nazi Occupation.* Introduction by Jacob Robinson, New York, London: The Macmillan Company, 1972, S. 561–569.

6 Siehe Zertals kritische Darstellung einiger Verfahren, in: Zertal, *Nation und Tod*, S. 86–131.

7 Siehe Nathan Cohen, *Rechtliche Gesichtspunkte zum Eichmann-Prozess*, Frankfurt am Main: Europäische Verlagsanstalt, 1963.

8 Hanna Yablonka, *The State of Israel vs. Adolf Eichmann.* Translated from the Hebrew by Ora Cummings with David Herman, New York: Schocken Books, 2004, S. 123–130.

9 Siehe Tom Segev, *Die siebte Million. Der Holocaust und Israels Politik der Erinnerung.* Deutsch von Jürgen Peter Krause und Maja Ueberle-Pfaff, Reinbek bei Hamburg: Rowohlt Verlag, 1995, S. 453 ff.

10 Die Schreibung der Namen im Deutschen und Englischen variiert. Rudolf/Rudolph/Rezsö/Israel Kastner/Kasztner. Malkiel/Malchiel Grünwald/Gruenwald/Grinwald.

11 Cohn, *Aus meinem Leben*, S. 361–374.

12 Yablonka, *The State of Israel vs. Adolf Eichmann*, S. 28.

13 Siehe Deborah E. Lipstadt, *The Eichmann Trial*, New York: Schocken, 2011, S. 41.

14 Yablonka, *The State of Israel vs. Adolf Eichmann*, S. 131.

15 Zertal, *Nation und Tod*, S. 68 f.

16 Arendt meinte in Briefen, Kasztner sei vom israelischen Geheimdienst ermordet worden, weil er gedroht habe, »auspacken« zu wollen (Arendt an Jaspers (20.7.1963 und 20.10.1963), in: Arendt/Jaspers, S. 546 und S. 560). Sowie Arendt an Beradt (20.7.1963), in: Arendt, *Wie ich einmal*, S. 397.

17 Cohen, *Rechtliche Gesichtspunkte*, S. 36, siehe auch ebd., S. 10. An anderer Stelle heißt es: »Zum Zwecke dieses Prozesses hatte das israelische Parlament ein Sondergesetz verabschiedet, demgemäß ein Richter des Obersten Gerichtshofes dem Richterkollegium beigegeben wurde.« (ebd., S. 60)

18 Gideon Hausner, *Gerechtigkeit in Jerusalem*. [Aus dem Amerikanischen von Peter de Mendelssohn], München: Kindler Verlag, 1967, S. 465. Die notwendige »Lex Servatius« erwähnt Hausner, ebd., S. 461.

19 Friedrich Karl Kaul, *Der Fall Eichmann*, Berlin: Das Neue Berlin, 1963, S. 132.

20 Leora Bilsky, *Transformative Justice. Israeli Identity on Trial*. With a Foreword by Richard J. Bernstein, Ann Arbor: The University of Michigan Press, 2004, S. 90 f.

Arendts Prozessbeobachtung

1 So die Rubrik, unter der Arendt im *New Yorker* veröffentlichte.

2 Siehe die englischsprachige Fassung in: State of Israel/Ministry of Justice (Hrsg.), *The Trial of Adolf Eichmann. Record of Proceedings in the District Court of Jerusalem*, Vol. I, Jerusalem 1994, S. 62–116.

3 Am verhandlungsfreien 13.4.1961 schrieb Arendt an Jaspers: »Die Komödie mit dem Hebräischen, wo alles deutsch kann und deutsch denkt.« (in: Arendt/Jaspers, S. 471)

4 Hausner hat sein Eröffnungsplädoyer Ministerpräsidenten David Ben Gurion, Justizminister Pinchas Rosen und Außenministerin Golda Meir vorab zur kritischen Prüfung vorgelegt. Ben Gurions Änderungswünsche berücksichtigte der Ankläger. Siehe Segev, *Die siebte Million*, S. 457 f. und Yablonka, *The State of Israel*, S. 84, 86 f. und S. 268, Anm. 23.

5 Hannah Arendt, »Introduction«, in: Bernd Naumann, *Auschwitz*. Translated by Jean Steinberg. With an Introduction by

Hannah Arendt, New York u.a.: Frederick A. Praeger, 1996, S. XX, Hervorhebung Arendt. Siehe auch ihre Einleitung in deutscher Übersetzung in: Hannah Arendt, *Nach Auschwitz. Essays & Kommentare I.* Hrsg. von Eike Geisel und Klaus Bittermann. Aus dem Amerikanischen übersetzt von Eike Geisel, Berlin: Edition Tiamat, 1989, S. 117 und in: Arendt, *Wir Juden,* S. 354–384.

6 Eichmanns Rolle als Leiter des Referats IV B 4 im RSHA ist am besten in der Studie von Hans Safrian, *Die Eichmann-Männer,* Wien, Zürich: Europa Verlag, 1993, dargestellt.

7 Das auf Tonband aufgenommene Verhör Eichmanns durch Avner Werner Less war an vier Gerichtssitzungen Gegenstand der Verhandlung.

8 Siehe hierzu auch Arendt an Blücher (25.4.1961), in: Hannah Arendt/Heinrich Blücher, *Briefe 1936–1968.* Hrsg. und mit einer Einführung von Lotte Köhler, München, Zürich: Piper Verlag, 1996, S. 524 f.

9 Siehe Arendt an Blücher (26.4.1961), ebd., S. 528. Am 24.4.1961 scheint Arendt nur die Vormittagssitzung (12. Gerichtssitzung) besucht zu haben.

10 Am 6.5.1961 schrieb Arendt an Blücher: »*Lieber Liebster* – eben hat mich Siegfried Moses von Jerusalem heruntergefahren, in einem wirklich sehr schönen Hotel am Airport abgesetzt und morgen früh in aller Herrgottsfrühe geht es nach Zürich [...]« (Arendt/Blücher, S. 530).

11 An insgesamt 76 Tagen wurden die 121 Gerichtssitzungen durchgeführt. An vielen Tagen gab es Vormittags- und Nachmittagssitzungen.

12 Neben Zeugen, die Eichmann in Wien, Prag und Berlin erlebt hatten, kamen bis zu Arendts Abreise Überlebende zu Wort, die das Geschehen in den Ghettos im besetzten Polen schilderten. Die Zeugen, die aus den Ländern stammten, aus denen Juden deportiert worden waren sowie die Überlebenden der Vernichtungslager, erlebte Arendt nicht im Zeugenstand.

13 Zu Arendts Reiseplänen siehe ihren Brief vom 10.5.1961 an McCarthy (Arendt/McCarthy, S. 193).

14 *The Trial of Adolf Eichmann* Vol. I, S. 60–61, Session 6, 17.4.1961.

15 Siehe das Sitzungsprotokoll der von Arendt besuchten Gerichtssitzungen (*The Trial of Adolf Eichmann,* Vol. I, S. 3–507).

16 Siehe das Protokoll der 10. und 11. Sitzung, ebd., S. 132–144 und S. 145–159.

17 Am 12.6.1961 (75. Sitzung) endete die Beweisaufnahme. Am 20.6.1961 wurde der Prozess fortgesetzt.

18 Siehe hierzu sehr präzise Arendt, EJ, S. 267 f.

19 Arendt an Blücher (14.6.1961), in: Arendt/Blücher, S. 552. Sie kam am 17.6.1961 in Tel Aviv an und flog am 23.6.1961 wieder ab (siehe Arendt an Jaspers (9. und 16.6.1961), in: Arendt/Jaspers, S. 476 ff. Am 20.6.1961 (75. Sitzung) begann Eichmanns Vernehmung durch Servatius. Arendt wird vom 20. bis zum 22.6.1961 (drei Sitzungen) im Gerichtssaal gewesen sein. Aus Sicherheitsgründen blieb Eichmann in seinem Glaskasten und wurde nicht im Zeugenstand befragt. Ein Paragraf des im Januar 1961 erlassenen Gerichtsgesetzes ermöglichte diese Abweichung von der ansonsten geübten Prozessprozedur. Siehe Cohen, *Rechtliche Gesichtspunkte zum Eichmann-Prozess,* S. 36.

20 So Nicolas Berg, *Der Holocaust und die westdeutschen Historiker. Erforschung und Erinnerung,* Göttingen: Wallstein Verlag, 2003, S. 501.

21 Ebd., S. 500.

22 Zur Verteidigung im Eichmann-Prozess siehe Philipp Graebke, »Die Verteidigung im Verfahren gegen Adolf Eichmann«, in: Mayeul Hiéramente, Patricia Schneider (Hrsg.), *The Defence in International Criminal Trials. Observations on the Role of the Defence at the ICTY, ICTR and ICC,* Baden-Baden: Nomos Verlagsgesellschaft, 2016, S. 51–71.

23 Über Arendts Aufenthaltsdauer in Jerusalem gibt es allerhand falsche Annahmen. So schreibt Eichmanns erster Biograf, Arendt sei »bereits Ende Mai« wieder abgereist (David Cesarani, *Adolf Eichmann. Bürokrat und Massenmörder. Biografie.* Aus dem Englischen von Klaus-Dieter Schmidt, Berlin: Propyläen Verlag, 2004, S. 486). Auch Arendts zweiten Aufenthalt in Jerusalem datiert Cesarani unrichtig (ebd.). Hilberg meint kritisch, sie sei »bloß zehn Wochen« (Hilberg, *Unerbetene Erinnerung,* S. 128) in Jerusalem gewesen. Douglas übernimmt ungeprüft Hilbergs Angaben (Lawrence Douglas, *The Memory of Judgment. Making Law and History in the Trials of the Holocaust,* New Haven and London: Yale University Press, 2001, S. 180). Selbst so verdiente Herausgeber wie Ursula Ludz und Thomas Wild machen ungenaue Angaben (Arendt/Fest, S. 158, Anm. 9).

24 Lipstadt, *The Eichmann Trial,* S. 178. Hierzu allzu Arendtapologetisch Daniel Maier-Katkin, »The Reception of Hannah Arendt's *Eichmann in Jerusalem* in the United States 1963–2011«, in: HannahArendt.net, Ausgabe 1/2, Bd. 6, November 2011, S. 12 f. und S. 12, Anm. 44 mit unzutreffenden Angaben.

25 Freudiger an Arendt (21.7.1963), LoC, HAP, AEF, 1938-1968, Correspondence-Survivors of the Holocaust-A-F-1961-1966.

26 Arendt an Freudiger (8.9.1963), ebd.

27 Arendt an Blücher (15.4.1961), in: Arendt/Blücher, S. 518. Ebenso Arendt an Blücher (20.4.1961), ebd., S. 521.

28 Ebd.

29 Arendt an Jaspers (13.4.1961), in: Arendt/Jaspers, S. 471. Hausner sprach neben Hebräisch während der Beweisaufnahme auch Jiddisch, Polnisch, Englisch und Deutsch.

30 Arendt an Blücher (20.4.1961), in: Arendt/Blücher, S. 522.

31 Siehe Yechiam Weitz, »In the Name of Six Million Accusers: Gideon Hausner as Attorney-general and His Place in the Eichmann Trial«, in: *Israel Studies,* Vol. 14, No. 2, Summer 2009, S. 26–49.

32 Arendt an Jaspers (13.4.1961), in: Arendt/Jaspers, S. 472. Arendt traf Landau auch persönlich und schrieb über ihn an Jaspers: »Großartiger Bursche! Bescheiden, klug, sehr offen, kennt Amerika ausgezeichnet, würde auch Ihnen sehr gefallen. Bestes deutsches Judentum.« (Arendt an Jaspers (25.4.1961), in: Arendt/Jaspers, S. 474)

33 Cesarani, *Adolf Eichmann,* S. 485.

34 Arendt an Blücher (20.4.1961), in: Arendt/Blücher, S. 522.

35 Arendt an Blücher (15.4.1961), ebd., S. 518.

36 Arendt an Blücher (20.4.1961), ebd., S. 521.

37 Ebd., S. 523.

38 Der Bełżec-Überlebende Rudolf Reder lebte zur Zeit des Prozesses in Kanada (siehe Robert Kuwałek, *Das Vernichtungslager Bełżec.* Aus dem Polnischen übersetzt von Steffen Hänschen. Mit einem Vorwort von Ingo Loose, Berlin: Metropol Verlag, 2014, 2., überarb. u. erw. Aufl., S. 314).

Arendts Quellen

1 Stichprobenartige Vergleiche der englischsprachigen Simultanübersetzung mit der sozusagen offiziellen Version des Prozesses in englischer Sprache weisen erhebliche Unterschiede auf. Siehe die auf YouTube zugänglichen Fernsehsendungen und *The Trial of Adolf Eichmann.*

2 *6,000,000 Accusers, Israel's Case Against Eichmann. The Opening Speech and Legal Argument of Mr. Gideon Hausner, Attorney-General.* Translation from Hebrew into English, prepared and edited by Shabtai Rosenne, Ambassodor of Israel, Jerusalem: Jerusalem Post Press, 1961.

3 *Verteidigung Adolf Eichmann. Plädoyer von Dr. Robert Servatius,* Bad Kreuznach: Verlag Ferd. Harrach KG, 1961.

4 *The Trial of Adolf Eichmann,* Vol. VII, Bl. 1–1781 (29.5.1960–17.8.1960) und Vol. VIII, Bl. 1782–3564 (18.8.1960–15.1.1961). Less spricht mehrmals von »Unterredung« (ebd., Vol. VII, Bl. 165 (31.5.1960) und Bl. 316 (3.6.1960). Der zu Beginn noch recht unbedarfte Polizeihauptmann Less musste sich mit der Materie erst vertraut machen, um auch Eichmanns Inkonsistenzen, Widersprüchlichkeiten, Ausflüchte, Falschdatierungen und Lügen zu erkennen. Siehe hierzu Avner Werner Less, *Lüge! Alles Lüge!. Aufzeichnungen des Eichmann-Verhörers. Rekonstruiert von Bettina Stangneth,* Zürich-Hamburg: Arche Verlag, 2012.

5 Siehe Harry Mulisch, *Strafsache 40/61. Eine Reportage über den Eichmann-Prozeß.* Aus dem Holländischen übersetzt von Johannes Piron, Berlin: Edition Tiamat, 1987, S. 62.

6 Das Eichmann-Verhör aus historiografischer Perspektive und auf dem Stand der Holocaust-Forschung untersuchte Christian Gerlach, »The Eichmann Interrogations in Holocaust Historiography«, in: *Holocaust and Genocide Studies,* Vol. 15, No. 3, Winter 2001, S. 428–452.

7 Dokument: »Betrifft: Meine Feststellungen zur Angelegenheit ›Judenfragen und Maßnahmen der nat.soz. Deutschen Reichsregierung zur Lösung dieses Komplexes in den Jahren 1933 bis 1945‹«. Auch Robert Pendorf hat das Dokument vorgelegen. Siehe Robert Pendorf, *Mörder und Ermordete. Eichmann und die Judenpolitik des Dritten Reiches.* Hamburg: Rütten und Loening, 1961, S. 7. Siehe zu Eichmann in Argentinien grundlegend Bettina Stangneth, *Eichmann vor Jerusalem. Das unbehelligte Leben eines Massenmörders,* Zürich u.a.: Arche Verlag, 2011. Zu dem in Jerusalem von der Anklagevertretung vorgelegten Elaborat Eichmanns siehe ebd., S. 266 und LoC, HAP, AEF, 1938-1968, Trial-Transcript of notes made by Eichmann in Argentina.

8 Siehe Stangneth, *Eichmann vor Jerusalem* und Fabien Théofilakis, »Der Eichmann-Prozess, aus dem Glaskäfig betrachtet«, in: Werner Renz (Hrsg.), *Interessen um Eichmann. Israelische Justiz, deutsche Strafverfolgung und alte Kameradschaften,* Frankfurt am Main, New York: Campus Verlag, 2012, S. 166.

Arendts Prozess-Bericht

1 Siehe hierzu Ursula Ludz, »Nur ein Bericht? Hannah Arendt und ihr Eichmann-Buch«, in: Renz (Hrsg.), *Interessen um Eichmann,* S. 259–288.

2 An Jaspers schreibt Arendt am 24.11.1963, ihr Buch bestehe »nur aus Tatsachen« (Arendt/Jaspers, S. 572). Im Interview

mit Thilo Koch (New York, 24.1.1964) heißt es: »Das Buch enthält eigentlich keine Thesen. Es ist ein Bericht, in dem alle Tatsachen zu Wort kommen, die in dem Jerusalemer Prozeß verhandelt wurden.« (in: *Gespräche mit Hannah Arendt.* Herausgegeben von Adelbert Reif, München: Piper Verlag, 1976, S. 35 und in: Arendt, *Ich will verstehen,* S. 37)

3 Arendt an McCarthy (20.9.1963), in: Arendt/McCarthy, S. 234.

4 Arendt an McCarthy (16.9.1963), ebd., S. 232.

5 Siehe Ronald Beiner in Hannah Arendt, *Das Urteilen. Texte zu Kants Politischer Philosophie.* Hrsg. und mit einem Essay von Ronald Beiner. Aus dem Amerikanischen von Ursula Ludz, München, Zürich: Piper Verlag, 1985, S. 125.

6 Hierzu kritisch Robert Weltsch in seinem Brief vom 16.8.1963, LoC, HAP, AEF, 1938-1968, Correspondence-Misc.-German and French languages-P-Z-1963-1964.

7 Siehe hierzu Stéphane Mosès, »Das Recht zu urteilen: Hannah Arendt, Gershom Scholem und der Eichmann-Prozeß«, in: *Hannah Arendt Revisited*, S. 87–90.

8 Zu ihrer Rede von »Tatsachenwahrheit« siehe Arendt, *Denktagebuch. Zweiter Band,* S. 631 [Eintrag von 1963/64] und Hannah Arendt, »Wahrheit und Politik«, in: Hannah Arendt, *Wahrheit und Lüge in der Politik. Zwei Essays,* München: Piper Verlag, 1972, S. 44–92.

9 Joseph Wulf meinte in seiner vom *Spiegel* abgelehnten Besprechung zurecht, das Buch sei »zur Hälfte [...] kein Bericht über den Prozess, sondern eine *Stellungnahme* zu sehr komplizierten und verwickelten Problemen« (ders., »Der Eichmann-Bericht oder der Fall Hannah Arendt«, in: *Frankfurter Allgemeine Zeitung* vom 29.1.2020, Nr. 24, S. N 3).

10 Arendt/McCarthy, S. 234 f. Siehe auch Arendt in ihrem Vortrag »Über den Zusammenhang von Denken und Moral« von 1971 (Hannah Arendt, *Zwischen Vergangenheit und Zukunft. Übungen im politischen Denken I.* Hrsg. von Ursula Ludz, München, Zürich: Piper Verlag, 1994, S. 128).

11 Servatius verzichtete auf die Befragung nahezu aller Zeugen, weil ihre Aussagen seiner Auffassung nach mit den Taten des Angeklagten in keinem Zusammenhang standen. Das geschilderte Verbrechensgeschehen war nach Servatius Eichmann nicht zuzurechnen.

12 Arendt, »Wahrheit und Politik«, S. 58.

13 Hannah Arendt, »Die Lüge in der Politik«, in: Arendt, *Wahrheit und Lüge in der Politik,* S. 9 f.

14 Dan Diner, »Hannah Arendt – jüdisches Selbstverständnis im Schatten der Eichmann-Kontroverse«, in: *Hannah Arendt und die Berliner Republik. Fragen an das vereinigte Deutschland.* Hrsg. von Bernward Baule, Berlin: Aufbau-Verlag, 1996, S. 152.

15 Bertolt Brecht, *Gesammelte Werke,* Bd. 9, Frankfurt am Main: Suhrkamp Verlag, 1967, S. 487 f. Kursivierung bei Arendt. Siehe zu den zwei Zeilen auch Hannah Arendt, »Bertolt Brecht«, in: Hannah Arendt, *Benjamin, Brecht. Zwei Essays,* München: Piper Verlag, 1971, S. 83.

16 Wohl zurecht weist Jerome Kohn darauf hin, dass das Motto, so weit er wisse, »bei allen Kommentaren und Interpretationen bisher unberücksichtigt geblieben ist« (Jerome Kohn, »Arendts Eichmann: Mörder, Idealist, Hanswurst«, in: Hannah Arendt. *Ihr Denken veränderte die Welt. Das Buch zum Film von Margarethe Trotta.* Hrsg. von Martin Wiebel. Mit einem Vorwort von Franziska Augstein und 14 farbigen Abbildungen, München, Zürich: Piper Verlag, 2013, S. 220.)

17 In der Reclam-Ausgabe (Leipzig, 1990) von Arendts Buch steht das Motto kurioserweise über dem Essay von Hans Mommsen. Siehe weiter oben »Arendts Erfolg bei den Deutschen«.

18 Arendt, *Ich will verstehen,* S. 130. Siehe auch das Interview in: Hannah Arendt, *The Last Interviews and other Conversations,* New York: Melville House Publishing, 2013, S. 131.

19 Bertolt Brecht, *Gesammelte Werke,* Bd. 17, Frankfurt am Main: Suhrkamp Verlag, 1967, S. 1177.

20 Ebd. und Arendt, *Benjamin, Brecht,* S. 104. Siehe hierzu auch Young-Bruehl, *Hannah Arendt,* S. 454 f.

21 Hannah Arendt, *The Life of the Mind, Vol. One: Thinking,* New York and London: Harcourt Brace Jovanovich, 1977/78, S. 4.

22 Poliakov, *Bréviaire de la Haine.*

23 Gerald Reitlinger, *The Final Solution. The Attempt to Exterminate the Jews of Europe 1939–1945,* London: Vallentine, Mitchell, 1953.

24 Adler, *Theresienstadt 1941–1945.*

25 Raul Hilberg, *The Destruction of the European Jews,* Chicago: Quadrangle Books, 1961.

Arendts Kritiker: »Arendt-Kontroverse«

1 Arendt an McCarthy (3.10.1963), in: Arendt/McCarthy, S. 239. Zum »image making« siehe auch Arendt, »Wahrheit und Politik«, S. 75 und Arendt, *Denktagebuch. Zweiter Band,* S. 619 f. [Eintrag von 1963/64].

2 Die Literatur zur Kontroverse ist uferlos: *Nach dem Eichmann-Prozess. Zu einer Kontroverse über die Haltung der Juden.* Council of Jews from Germany, London, Jerusalem, New York 1963; *Die Kontroverse. Hannah Arendt, Eichmann und die Juden,* Redaktion: F. A. Krummacher, München: Nymphenburger Verlagshandlung, 1964; *Hannah Arendt Revisited: »Eichmann in Jerusalem« und die Folgen,* hrsg. von Gary Smith, Frankfurt am Main: Suhrkamp Verlag, 2000; Steven E. Aschheim (Hrsg.), *Hannah Arendt in Jerusalem,* Berkeley u.a.: University of California Press, 2001. Zuletzt: *The Trial that Never Ends. Hannah Arendt's* Eichmann in Jerusalem *in Retrospect.* Edited by Richard J. Golsan and Sarah M. Misemer, Toronto u.a.: University of Toronto Press, 2017. In *The Eichmann Case. A Source Book* hat Randolph L. Braham (New York: World Federation of Hungarian Jews, 1969) bereits über 200 Bücher, Aufsätze und Artikel zur Kontroverse aufgeführt. Siehe zur Kontroverse sehr instruktiv: Klaus Naumann, »Sympathy for the Devil? Die Kontroverse um Hannah Arendts Prozeßbericht ›Eichmann in Jerusalem‹«, in: *Mittelweg 36,* Jg. 3, H. 1, 1994, S. 65–79.

3 Siehe zum Beispiel Arendt, »Wahrheit und Politik«, S. 76.

4 Zu NS-Prozessen siehe auch Hannah Arendt, »The Destruction of Six Million« [1964], in: Arendt, *The Jewish Writings,* S. 492.

5 Ganz anders fiel Arendts Darstellung der Widerstandshandlung des Wehrmacht-Feldwebels Anton Schmid aus; siehe EJ, S. 275–276 (bei Arendt »Schmidt«). Zu Schmid siehe Wolfram Wette, *Feldwebel Anton Schmid. Ein Held der Humanität,* Frankfurt am Main: S. Fischer Verlag, 2013, zum Rettungswiderstand von Wehrmachtsangehörigen Christiane Goos, *»›Ich habe mich geschämt, dass ich zu denen gehöre ...‹. Rettungswiderstand in der Wehrmacht im besetzten Polen 1939 bis 1945«,* Weilerswist-Metternich: Hase & Koehler Verlag, 2020. Golo Mann meinte in seiner Besprechung, Arendts »Charakteristik des deutschen Widerstands« enthalte »die empörendsten Verleumdungen, die je über diese Bewegung verbreitet« worden seien (Golo Mann, »Hannah Arendt und der Eichmann-Prozeß«, in: *Neue Rundschau,* Jg. 74, H. 4, 1963, S. 630).

6 Siehe Christof Dipper, »Der Deutsche Widerstand und die Juden«, in: *Geschichte und Gesellschaft,* Jg. 9, H. 3, 1983, S. 349–380.

7 Arendt an Scholem (20.7.1963), in: Arendt/Scholem, S. 440.

8 An Heinrich Blücher schrieb Arendt am 6.5.1961: »[...] eben hat mich Siegfried Moses von Jerusalem heruntergefahren«

nach Tel Aviv (in: Arendt/Blücher, S. 530). Am frühen Morgen des 7.5.1961 flog sie nach Zürich.

9 Siehe Henry Schwarzschilds Brief vom 6.3.1963 an Arendt c/o Karl Jaspers, Basel. Schwarzschild meinte, »the series is fast becoming the sensation of the New York Jewish scene«. (LoC, HAP, AEF, 1938-1968, Correspondence-Organizations-Jewish-A-1960-1965)

10 LoC, HAP, AEF, Correspondence-Organizations-Jewish-B-F-1963-1965.

11 Zur Kritik an Bettelheim siehe Aryeh Leon Kubovy, »Criminal State vs. Moral Society«, in: *Yad Vashem Bulletin*, Nr. 13, October 1963, S. 3–11.

12 »Die Reaktion der Juden auf die Verfolgungen. Erklaerung des Council of Jews from Germany«, in: *MB. Wochenzeitung des Irgun Olej Merkas Europa*, Jg. 31, Nr. 12, 22.3.1963, S. 3. Im *Aufbau*, Vol. XXIX, No. 13, 29.3.1963, S. 7 und in der von der *Association of Jewish Refugees in Great Britain* herausgegebenen *AJR Information*, Vol. XVIII, No. 4, April 1963, S. 3, erschien die Erklärung in englischer Übersetzung. Das Wort »Mitwirkung« in der deutschsprachigen »Erklärung« wurde mit »collaboration« übersetzt. Bekanntlich hat Arendt immer von »Kooperation« gesprochen.

13 »Die Reaktion der Juden auf die Verfolgungen«, ebd.

14 Arendt an Moses (12.3.1963), LoC, HAP, AEF, Correspondence-Organizations-Jewish-B-F-1963-1965.

15 Blücher an Arendt (Mitte März 1963), in: Arendt/Blücher, S. 562. Arendt meinte Jaspers gegenüber über ihren Mann: »Er hat nur eine Neigung, in Wut über die Angriffe auf mich zu geraten, und seine Meinung vom jüdischen Volk ist nicht immer so, wie man es wünschen sollte. (Dies aber nur im Scherz).« (Arendt an Jaspers (20.7.1963), in: Arendt/Jaspers, S. 547)

16 Arendt an Blücher (15.3.1963), in: Arendt/Blücher, S. 562.

17 Young-Bruehl, *Hannah Arendt*, S. 479.

18 Moses an Arendt (24.3.1963), LoC, HAP, AEF, Correspondence-Organizations-Jewish-B-F-1963-1965.

19 Arendt an Moses (17.7.1963), LoC, HAP, Correspondence File, 1938-1976, Siegfried Moses, 1957–1963; siehe auch Arendt an Jaspers (29.9.1964), in: Arendt/Jaspers, S. 600.

20 Schreiben von Curt C. Silberman an *New Yorker* (12.4.1963), LoC, HAP, AEF, Correspondence-Organizations-Jewish-A-1960-1965.

21 »Die Eichmann-Serie in ›The New Yorker‹«, in: *Aufbau*, Vol. XXIX, No. 11, 15.3.1963, S. 3.

22 Frederick R. Lachman, »Ein Meisterwerk ohne Seele«; Hugo Hahn, »›Der Jude wird verbrannt‹«; Adolf Leschnitzer, »So war Rabbiner Leo Baeck«, in: *Aufbau,* Vol. XXIX, No. 13, 29.3.1963, S. 7–8, 18–20.

23 Kempner hatte 1961 beim Europa-Verlag *Eichmann und seine Komplizen* veröffentlicht und war als Ankläger in Nürnberg mit der Materie vertraut.

24 Robert M. W. Kempner, »Der ›missverstandene‹ Adolf Eichmann«, in: *Aufbau,* Vol. XXIX, No. 15, 12.4.1963, S. 8.

25 Ders., »Hier irrte Hannah Arendt«, in: *Aufbau,* Vol. XXIX, No. 21, 24.5.1963, S. 11.

26 Kempner an Arendt (5.5.1963), LoC, HAP, AEF, 1938-1968, Letters to the editor-Misc.-Others-1963-1966.

27 Herbert Strauss, »The Thesis of Hanna[h] Arendt«, in: *Aufbau,* Vol. XXIX, No. 20, 17.5.1963, S. 13.

28 Siehe zum Beispiel Thomas Sandkühler, *Das Fußvolk der »Endlösung«. Nichtdeutsche Täter und die europäische Dimension des Völkermords,* Darmstadt: Wissenschaftliche Buchgesellschaft, 2020 und Angelika Benz, *Handlanger der SS. Die Rolle der Trawniki-Männer im Holocaust,* Berlin: Metropol Verlag, 2015.

29 Friedrich S. Brodnitz, »Hannah Arendt und das deutsche Judentum«, in: *Aufbau,* Vol. XXIX, No. 22, 31.5.1963, S. 36 und S. 29.

30 »Hannah Arendts Eichmann-Buch«, in: *Aufbau,* Vol. XXIX, No. 18, 3.5.1963, S. 1.

31 Siehe den Leserbrief von Martin Lederman, »This book was not written too early«, in: *Aufbau,* Vol. XXIX, No. 19, 10.5.1963, S. 5.

32 Weltsch an Arendt (16.8.1963), LoC, HAP, AEF, 1938-1968, Correspondence-Misc.-German and French languages-P-Z-1963-1964.

33 Weltsch an Arendt (3.9.1963), ebd.

34 Arendt an Jaspers (9.8.1963) und Arendt an Jaspers (29.9.1963), in: Arendt/Jaspers, S. 552 und S. 600.

35 Arendt an Jaspers (24.11.1963), ebd., S. 572. Siehe *Aufbau* an Arendt (30.7.1963), LoC, HAP, AEF, 1938-1968, Correspondence-Organizations-Jewish-A-1960-1965.

36 Siehe Arendts »Offener Brief an Herrn Kurt May, United Restitution Organization, Frankfurt am Main« (29.7.1963), LoC, HAP, AEF, Correspondence-Organizations-Jewish-H-W-1963-1966.

37 May an Arendt (4.4.1963), ebd.

38 May an Arendt (25.4.1963), ebd.

39 May an Arendt (19.7.1963), ebd.

40 May an Arendt (4.4.1963), ebd.

41 May an Arendt (24.5.1963), ebd.

42 »Hannah Arendt ›Eichmann‹ und Wiedergutmachung«, in: *Aufbau,* Vol. XXIX, No. 30, 26.7.1963, S. 24.

43 Arendt an Jaspers (24.11.1963), in: Arendt/Jaspers, S. 572.

44 Kempner, »Hier irrte Hannah Arendt«, S. 11.

45 *Nach dem Eichmann-Prozess. Zu einer Kontroverse über die Haltung der Juden.* Council of Jews from Germany, London, Jerusalem, New York 1963.

46 Ebd., S. 6.

47 Ebd., S. 53.

48 Ebd., S. 67.

49 Nehemiah Robinson, »These are the facts«, in: *Aufbau,* Vol. XXIX, No. 28 und No. 29, 12. und 19.7.1963, S. 7 und S. 5–6.

50 Ebd., S. 6. Wortgleich sein Bruder Jacob Robinson, »Jüdische ›Kooperation‹«, in: *Die Kontroverse,* S. 229. Siehe auch Jacob Robinson, *And the Crooked shall be made Straight. The Eichmann Trial, the Jewish Catastrophe, and Hannah Arendt's Narrative,* New York: The MacMillan Company/London: Collier-MacMillan Limited, 1965, S. 200.

51 Arendt nennt auch die Judenräte explizit Opfer, die aber im Unterschied zu den Häftlingen eines Vernichtungslagers ihrer Auffassung nach noch Entscheidungs-, Urteilsoptionen hatten. Siehe Arendt/Fest, S. 37.

52 So auch Robinson, *And the Crooked,* S. 335, Anm. 159.

53 Siehe Sara Berger, *Experten der Vernichtung. Das T4-Reinhardt-Netzwerk in den Lagern Belzec, Sobibor und Treblinka,* Hamburg: Hamburger Edition, 2013 und Stephan Lehnstaedt, *Der Kern des Holocaust. Bełżec, Sobibór, Treblinka und die Aktion Reinhardt,* München: C. H. Beck Verlag, 2017.

54 Joseph Maier, »Was hat Hannah Arendt eigentlich gesagt?«, in: *Aufbau,* Vol. XXIX, No. 51, 20.12.1963, S. 17–18. Ursula Ludz und Thomas Wild vermuten mit gutem Grund, dass Arendt auf Maiers Artikel Einfluss genommen hat (Arendt/Fest, S. 161, Anm. 31). Von einem »Kesseltreiben« spricht auch der Leserbriefschreiber John Maas (in: *Aufbau,* Vol. XXIX, No. 31, 2.8.1963, S. 22).

55 Siehe zum Beispiel die Erwähnung Maiers in Arendts kurz nach dem Ende des Zweiten Weltkriegs geschriebenen Briefen an Jaspers.

56 Robert Weltsch, »Wenn Grauen zur Statistik wird ...«, in: *Aufbau,* Vol. XXX, No. 6, 7.2.1964, S. 14.

57 Ebd.

58 Ebd. 59 Ebd.

60 Anti-Defamation League, Memorandum vom 11.3.1963. LoC, HAP, AEF, 1938-1968, Correspondence-Organizations-Jewish-A-1960-1965.

61 Anti-Defamation League, Memorandum vom 27.3.1963, ebd.

62 Siehe Arendt an Jaspers (29.9.1964), in: Arendt/Jaspers, S. 599.

63 Henry Schwarzschild an Arendt (29.3.1963), LoC, HAP, AEF, 1938-1968, Correspondence-Organizations-Jewish-A-1960-1965.

64 Arendt an Schwarzschild (10.4.1963), LoC, HAP, AEF, 1938-1968, Correspondence-Organizations-Jewish-B-F-1963-1965.

65 Arieh Tartakower, »The Self-Hate of Hannah Arendt«, in: *World Jewry. Review of the World Jewish Congress,* Vol. VI, No. 3, May/June 1963, S. 8.

66 Ebd.

67 ACJ an *New Yorker* (26.2.1963), LoC, HAP, AEF, 1938-1968, Correspondence-Organizations-Jewish-A-1960-1965.

68 Schreiben des ACJ an Arendt (13.6.1963), ebd.

69 Zu Ben Gurion siehe Yehiam Weitz, »The Founding Father and the War Criminal's Trial: Ben Gurion and the Eichmann Trial«, in: *Yad Vashem Studies,* Vol. 36, No. 1, 2008, S. 211–252.

70 Arendt an Jaspers (29.5.1963), in: Arendt/Jaspers, S. 543.

71 Arendt an Jaspers (20.7.1963), ebd., S. 547.

72 Arendt an Jaspers (1.12.1963), ebd., S. 575.

73 »Ein Briefwechsel über Hannah Arendts Buch«, in: *MB,* Jg. XXXI, Nr. 33, S. 3–5.

74 *Neue Zürcher Zeitung* vom 20.10.1963, Nr. 287, S. 20–21.

75 »›Eichmann in Jerusalem‹. An Exchange of Letters between Gershom Scholem und Hannah Arendt«, in: *Encounter,* Vol. XXII, No. 1, Januar 1964, S. 51–56.

76 Siehe Arendt an Jaspers (20.10.1963), in: Arendt/Jaspers, S. 559.

77 *Aufbau,* Vol. XXIX, No. 51, 20.12.1963, S. 17–18 und *Die Welt,* Nr. 279, 30.11.1963.

78 Siehe »›Answering Hannah Arendt‹. A Symposium held in London«, in*: AJR Information. Issued by the Association of Jewish Refugees in Great Britain,* Vol. XVIII, No. 12, December 1963, S. 2 und der Abdruck der Beiträge in: *World Jewry, Review of the World Jewish Congress,* Vol. VI, No. 6, November/December 1963, S. 9–12.

79 Arendt an McCarthy (16.9.1963), in: Arendt/McCarthy, S. 231. Zwei Wochen später meinte Arendt: »Übrigens sieht es so aus, als ob die Rabbiner dem an sie gerichteten Rundbrief nicht nachkommen werden.« (ebd., S. 240) Siehe hierzu auch Amos Elon, »Hannah Arendts Exkommunizierung«, in: *Hannah Arendt Revisited*, S. 27.

80 Peter Novick, *Nach dem Holocaust. Der Umgang mit dem Massenmord.* Aus dem Amerikanischen von Irmela Arnsperger und Boike Rehbein, Stuttgart, München: Deutsche Verlags-Anstalt, 2001, S. 181.

81 In seinem Buch *The Eichmann Kommandos* (Philadelphia: Macrae Smith Company, 1961) machte Musmanno Eichmann zum Chef der Führer der Einsatzgruppen A bis D, die nach dem Überfall auf die Sowjetunion im rückwärtigen Raum Hunderttausende Juden erschossen. Sein ohne Quellenangaben verfasstes Buch widmete er Harry S. Truman, »defender of international law and order and world humanity« (ebd., S. 5). Hiroshima und Nagasaki muss der Autor vergessen haben.

82 Michael Musmanno, »Man with an Unspotted Conscience«, in: *The New York Times Book Review*, 19.5.1963, S. 40–41 (dt. Übersetzung in: *Die Kontroverse*, S. 85–90). Musmannos Auftritt in Jerusalem ridikülisiert Robert Servatius, *Verteidiger in Jerusalem. Ein Zeitbild. Schiffbruch Teil V*, Köln: Selbstverlag, 1979, S. 69 f. zurecht. Ansonsten ist Servatius' Buch indiskutabel.

83 Joachim Prinz, »Arendt Nonsense. A Reply to Hannah Arendt's ›Eichmann in Jerusalem‹«, New York, o. J. [Sonderdruck].

84 »Editor's Note«, in: *Partisan Review*, Vol. XXX, No. 2, Summer 1963, S. 210.

85 Lionel Abel, »The Aesthetics of Evil. Hannah Arendt on Eichmann and the Jews«, in: ebd., S. 211–230.

86 Daniel Bell, »The Alphabet of Justice. Reflections on ›Eichmann in Jerusalem‹«, in: *Partisan Review*, Vol. XXX, No. 3, Fall 1963, S. 417–429.

87 Mary McCarthy, »The Hue and Cry«, in: *Partisan Review*, Vol. XXXI, No. 1, Winter 1964, S. 82–94 (dt. Übersetzung in: Arendt/Fest, S. 127–144).

88 Kurzbeiträge von Irving Howe, Robert Lowell, Marie Syrkin, Harold Weisberg, Dwight MacDonald, Lionel Abel, Mary McCarthy und William Phillips an, in: *Partisan Review*, Vol. XXXI, No. 2, Spring 1964, S. 260–283.

89 Norman Podhoretz, »Hannah Arendt on Eichmann. A Study in the Perversity of Brilliance«, in: *Commentary*, Vol. 36,

No. 3, September 1963, S. 206 (dt. Übersetzung in: *Die Kontroverse,* S. 130).

90 Arendt an Jaspers (9.8.1963), in: Arendt/Jaspers, S. 552.

91 Ebd.

92 Arendt an McCarthy (16.9.1963), in: Arendt/McCarthy, S. 231.

93 So Arendt an Jaspers (20.7.1963), in: Arendt/Jaspers, S. 547.

94 Ernst Simon, »Revisionist History of the Jewish Catastrophe. Two Examinations of Hannah Arendt«, in: *Judaism,* Vol. 12, No. 4, Fall 1963, S. 387–415.

95 Arendt an Jaspers (20.10.1963), in: Arendt/Jaspers, S. 558.

96 Ebd., S. 559.

97 Ebd.

98 Ebd., S. 560.

99 Arendt an McCarthy (3.10.1963), in: Arendt/McCarthy, S. 239.

100 Arendt an Jaspers (24.11.1963), in: Arendt/Jaspers, S. 571.

101 Ebd., S. 572.

102 Konrad Kellen, »Reflections on ›Eichmann in Jerusalem‹«, in: *Midstream. A Quarterly Jewish Review,* Vol. IX, No. 3, September 1963, S. 25.

103 M[arion] Mushkat, »Eichmann in New York«, in: *Yad Vashem Bulletin,* No. 14, March 1964, S. 3.

104 Ebd., S. 10.

105 Arendt an Jaspers (20.4.1964), in: Arendt/Jaspers, S. 586.

106 Siehe Robert Neumann, *Ausflüchte des Gewissens. Dokumente zu Hitlers »Endlösung der Judenfrage« mit Kommentar und Bilanz der politischen Situation,* Hannover: Verlag für Literatur und Zeitgeschehen, 1960 und *Hitler. Aufstieg und Untergang des Dritten Reiches.* Ein Dokument in Bildern von Robert Neumann. Unter Mitarbeit von Helga Koppel, München u.a.: Verlag Kurt Desch, 1961.

107 Brief Neumanns vom 5.7.1963 an Piper, LoC, HAP, AEF, 1938-1968, Correspondence-Misc.-German and French languages-L-N-1963-1965.

108 Mann, »Hannah Arendt und der Eichmann-Prozeß«, S. 626–633. Zu Mann siehe Karl Jaspers, in: Saner, »Fragmente«, S. 40–43.

109 Golo Mann, »Der verdrehte Eichmann«, in: *Die Zeit* vom 24.1.1964, Nr. 4.

110 Mann, »Hannah Arendt und der Eichmann-Prozeß«, S. 632.

111 Arendt an Fest (13.8.1964), in: Arendt/Fest, S. 64.

112 Mann, »Hannah Arendt und der Eichmann-Prozeß«, S. 628.

113 Heinrich Grüber an Klaus von Bismarck (15.6.1963), LoC, HAP, AEF, 1938-1968, Correspondence-Misc.-German and French languages-B-G-1963-1968.

114 Heinrich Grüber, »Zu Hannah Arendts ›Report in Jerusalem‹«, in: *Allgemeine Wochenzeitung der Juden in Deutschland,* Jg. XVIII, Nr. 40, 3.1.1964, S. 4.

115 Heinrich Grüber, »Hannah Arendt: Report in Jerusalem«, in: *Tribüne. Zeitschrift zum Verständnis des Judentums,* Jg. 3, H. 9, 1964, S. 934–938.

116 Grüber, »Zu Hannah Arendts ›Report in Jerusalem‹«.

117 Grüber an Piper (24.8.1964), LoC, HAP, AEF, 1938-1968, Correspondence-Misc.-German and French languages-B-G-1963-1968.

118 Marx an Piper (27.11.1963), LoC, HAP, AEF, 1938-1968, Correspondence-Organizations-Jewish-A-1960-1965.

119 Paul Arnsberg, »Hannah Arendt stellt die Frage: War Eichmann – ein Dämon? Die banale Antwort – eine ›Affäre‹«, in: *Hessische Blätter für Volksbildung,* Jg. 14, H. 1, Januar/Februar 1964, S. 37–60. Der Nachdruck unter dem Titel: »War Eichmann ein Dämon?«, in: *Aus Politik und Zeitgeschichte. Beilage zur Wochenzeitung Das Parlament,* B 45/64, 4.11.1964, S. 3–18 fand größere Verbreitung.

120 Paul Arnsberg, »Die jüdische Tragödie«, in: *Rheinischer Merkur,* Nr. 32, 7.8.1964, S. 4.

121 Arnsberg, »Hannah Arendt stellt die Frage«, S. 57.

122 *Die Kontroverse.*

123 Arendt an Jaspers (29.9.1964), in: Arendt/Jaspers, S. 600.

124 Maier, »Was hat Hannah Arendt eigentlich gesagt?«. Zu Maier siehe Marie Luise Knott in Arendt, *Vor Antisemitismus,* S. 201, Anm. 161 und ebd., S. 209 f. und seinen Brief an Arendt vom 9.7.1963, LoC, HAP, AEF, 1938-1968, Correspondence-Misc.-English language-L-M-1958-1967.

125 Arendt an Jaspers (25.10.1964), in: Arendt/Jaspers, S. 604.

126 M. L., »Kempner und Arendt in Deutschland«, *Aufbau,* Vol. XXX, No. 40, 2.10.1964, S. 6.

127 Friedrich Karl Fromme, »Die Banalität des Bösen«, in: *Frankfurter Allgemeine Zeitung,* 29.9.1964.

128 Wolfgang Scheffler, *Judenverfolgung im Dritten Reich 1933–1945,* Berlin: Colloquium Verlag, 1960.

129 Wolfgang Scheffler, »Hannah Arendt und der Mensch im totalitären Staat«, in: *Aus Politik und Zeitgeschichte. Beilage zur Wochenzeitung Das Parlament,* B 45/64, 4.11.1964, S. 19–38.

130 Siehe *Die Normalität des Verbrechens. Bilanz und Perspektiven der Forschung zu den nationalsozialistischen*

Gewaltverbrechen. Festschrift für Wolfgang Scheffler zum 65. Geburtstag, Hrsg. von Helge Grabitz u.a., Berlin: Edition Hentrich, 1994.

131 Scheffler, »Hannah Arendt«, S. 27.

132 Ebd., S. 29.

133 H. G. Adler, »Was weiß Hannah Arendt von Eichmann und der ›Endlösung‹«, in: *Allgemeine Wochenzeitung der Juden in Deutschland,* Jg. XIX, Nr. 34, 20.11.1964, S. 8.

134 Alexander Mitscherlich, »Einfühlung in den Angeklagten«, in: *Der Spiegel* vom 27.1.1965, Nr. 5, S. 78–79.

135 Siehe hierzu Klaus Kempter, *Joseph Wulf. Ein Historikerschicksal in Deutschland,* Göttingen: Vandenhoeck und Ruprecht Verlag, 2013, S. 319–323 und der Abdruck von Wulfs Besprechung »Der Eichmann-Bericht oder der Fall Hannah Arendt«, in: *Frankfurter Allgemeine Zeitung* vom 29.1.2020, Nr. 24, S. N 3.

136 Arendt an Jaspers (25.10.1964), in: Arendt/Jaspers, S. 604. Wulfs zusammen mit Poliakov herausgegebene Dokumentensammlung *Das Dritte Reich und die Juden* (1955) sowie zwei kleinere, in der Schriftenreihe der *Bundeszentrale für Heimatdienst* erschienene Publikationen von Wulf über das Ghetto Warschau (1958) und das Ghetto Lodz (1962) führt Arendt im Literaturverzeichnis (EJ, S. 332 f.) an.

137 Siehe hierzu Hans Egon Holthusen, »Freiwillig zur SS«, in: *Merkur. Deutsche Zeitschrift für europäisches Denken,* Jg. 20, H. 10, 1966, S. 921–939 und ebd., H. 11, 1966, S. 1037–1049.

138 Hans E. Holthusen, »Hannah Arendt, Eichmann und ihre Kritiker«, in: *Vierteljahrshefte für Zeitgeschichte,* Jg. 13, H. 2, April 1965, S. 178–190. Zu dem mehr als fraglichen Autor Holthusen siehe u.a. Willi Winkler, *Das Braune Netz. Wie die Bundesrepublik von früheren Nazis zum Erfolg geführt wurde,* Berlin: Rowohlt Verlag, 2019, passim. Holthusen war Arendt im Herbst 1961 bekannt geworden. Siehe Holthusens Briefe an Arendt, LoC, HAP, Correspondence File, 1938-1976, General, 1938-1976 und Arendt an Jaspers (1.11.1961), in: Arendt/Jaspers, S. 495.

139 Jean Améry, »Im Wartesaal des Todes«, in: Günther Deschner, *Menschen im Ghetto.* Mit einem Vorwort von Jean Améry, Gütersloh: Bertelsmann Sachbuchverlag, 1969, S. 15; ebenso in: Jean Améry, *Widersprüche,* Stuttgart: Ernst Klett Verlag, 1971, S. 217.

140 Siehe hierzu profund: Udo Ebert, *Die »Banalität des Bösen« – Herausforderung für das Strafrecht* (Sitzungsberichte der Sächsischen Akademie der Wissenschaften zu Leipzig.

Philologisch-historische Klasse, Bd. 140, H. 6), Stuttgart, Leipzig: Hirzel Verlag, 2010.

141 Siehe z. B. Karl Peters, »Gedanken eines Juristen zum Eichmann-Prozess«, in: *Eckart-Jahrbuch 1961/62,* hrsg. von Kurt Ihlenfeld, Witten, Berlin: Eckart-Verlag, 1961, S. 229–251; Erwin Schüle, »Die strafrechtliche Aufarbeitung des Verhaltens in totalitären Systemen – Der Eichmann-Prozess aus deutscher Sicht«, in: Karl Forster (Hrsg.), *Möglichkeiten und Grenzen für die Bewältigung historischer und politischer Schuld in Strafprozessen,* Würzburg 1962, S. 63–86; Herbert Jäger, »Betrachtungen zum Eichmann-Prozess«, in: *Monatsschrift für Kriminologie und Strafrechtsreform,* Jg. 45, H. 3/4, 1962, S. 73–83; Jürgen Baumann, »Schuld und Verantwortung«, in: *Freiburger Rundbrief,* Nr. 53/56, September 1962, S. 29–32; Peter Fuhrmann, »Die Verantwortung Adolf Eichmanns«, in: *Politische Studien,* Jg. 15, H. 155, 1964, S. 310–319.

142 Herbert Jäger, *Verbrechen unter totalitärer Herrschaft. Studien zur nationalsozialistischen Gewaltkriminalität,* Olten und Freiburg i. Br.: Walter-Verlag, 1967.

143 Siehe Jäger, »Betrachtungen zum Eichmann-Prozess«.

144 Siehe Jägers Briefe vom 1.5. und 22.7.1963 an Arendt und ihre Antwortschreiben vom 18.7. und 6.9.1963, LoC, HAP, AEF, 1938-1968, Correspondence-Misc.-German and French languages-H-K-1963-1965.

145 Jürgen Baumann, »Gedanken zum Eichmann-Urteil«, in: *Juristenzeitung,* Jg. 18, H. 4, 1963, S. 110–121. Baumann meinte zur mangelnden Befassung mit dem Prozess: »Man sollte annehmen, daß jeder Jurist das Bestreben habe, für sich zum Eichmann-Urteil Stellung zu nehmen und ferner, daß er sich dabei auf eine Fülle von Material und Anregungen aus der Fachliteratur stützen könne. Weder das eine noch das andere ist der Fall.« (ebd., S. 110)

146 Jürgen Baumann, »Die Psychologie des bürokratisch organisierten Mordes«, in: *Frankfurter Hefte,* Jg. 21, H. 3, 1966, S. 199–205.

147 Schüle, »Die strafrechtliche Aufarbeitung des Verhaltens«, S. 65.

148 Siehe hierzu Ruth Bettina Birn, »Ein deutscher Staatsanwalt in Jerusalem. Zum Kenntnisstand der Anklagebehörde im Eichmann-Prozess und der Strafverfolgungsbehörden der Bundesrepublik«, in: Renz (Hrsg.), *Interessen um Eichmann,* S. 93–117. In Folge 9 der NDR-Produktion Eine Epoche vor Gericht wird Staatsanwalt Dietrich Zeug interviewt.

149 Robinson, *And the Crooked.* Laut Novick wurde das Werk von der *Jewish Publication Society of America* kostenlos verteilt

(Novick, *Nach dem Holocaust,* S. 181), Arendt zufolge »von der Claims Conference (die Gelder aus den deutschen Zahlungen an Israel erhält für kulturelle Zwecke) voll bezahlt« (Arendt an Jaspers (16.1.1966), in: Arendt/Jaspers, S. 657).

150 Jacob Robinson, »A Report on the Evil of Banality: The Arendt Book«, in: *Facts,* Vol. 15, No. 1, July-August 1963, S. 263–270.

151 Arendt an Jaspers (16.1.1966), in: Arendt/Jaspers, S. 657.

152 Robinson, *And the Crooked,* S. VIII.

153 Walter Laqueur, »Re-reading Hannah Arendt«, in: *Encounter,* Vol. LII, No. 3, 1979, S. 75.

154 Walter Laqueur, »Footnotes to the Holocaust«, in: *The New York Review of Books,* Vol. V, No. 7, 11.11.1965, S. 20–22.

155 Hannah Arendt, »›The Formidable Dr. Robinson‹: A Reply«, in: *The New York Review of Books,* Vol. V, No. 12, 20.1.1966. S. 26–30.

156 Walter Laqueur, »A Reply to Hannah Arendt«, in: *The New York Review of Books,* Vol. VI, No. 1, 3.2.1966, S. 24–25.

157 *The New York Review of Books,* Vol. VI, No. 4, 17.3.1966, S. 28–29.

158 Yaakov Lozowick, *Hitlers Bürokraten. Eichmann, seine willigen Vollstrecker und die Banalität des Bösen.* Aus dem Englischen von Christoph Münz, Zürich, München: Pendo Verlag, 2000.

159 Ebd., S. 290.

160 Ebd., S. 345.

161 Ebd., S. 347.

162 Ebd.

163 Ebd., S. 345.

164 Ebd., S. 340.

1. Die Anklagevertretung und ihre Strategie

165 Kritik an Hausner übten nicht wenige Prozessbeobachter. Siehe z. B. Harry Mulisch, *Strafsache 40/61,* S. 53 f. und S. 69.

166 Hausner, *Gerechtigkeit in Jerusalem,* S. 447. Zur Auswahl der Zeugen siehe auch Annette Wieviorka, »Die Entstehung des Zeugen«, in: *Hannah Arendt Revisited,* S. 144.

167 Hausner, *Gerechtigkeit in Jerusalem,* S. 452. Arendt erkannte richtig Hausners »ausgesprochene Vorliebe [...] für prominente Zeugen, die möglichst bereits in Büchern ihre Erfahrungen niedergelegt hatten und nun ›bezeugten‹, was gedruckt vorlag, oder wiederholten, was sie unzählige Male öffentlich vorgetragen hatten« (EJ, S. 269).

168 Hausner, *Gerechtigkeit in Jerusalem,* S. 451 f.

169 In Israel lebten Anfang der 1960er Jahre noch rund 30 Überlebende des Sonderkommandos von Auschwitz-Birkenau. Der Verf. dankt Andreas Kilian (Frankfurt am Main) für die Auskunft.

170 Zur Frage der Auswahl der Zeugen schreibt Yablonka: »The only acceptable explanation is that there was, after all, a tendency to maintain a political balance in the selection of witnesses – and that the selection was *not* based on judicial considerations.« (Yablonka, *The State of Israel,* S. 116)

171 Hanna Yablonka, »Nazi-Prozesse und Holocaust-Überlebende. Israel 1950–1967«, in: *»Gerichtstag halten über uns selbst ...«. Geschichte und Wirkung des ersten Frankfurter Auschwitz-Prozesses,* hrsg. im Auftrag des Fritz Bauer Instituts von Irmtrud Wojak, Frankfurt am Main, New York: Campus Verlag, 2001, S. 281.

172 Yablonka weist darauf hin, dass 1960 im Archiv der 1953 gegründeten Gedenk- und Forschungsstätte Yad Vashem bereits 2700 Aussagen von Überlebenden vorhanden waren (ebd., S. 281 und S. 282).

173 Auch im Ausland wohnende Holocaust-Überlebende meldeten sich zu Wort. Siehe zum Beispiel die Eingabe von Rudolf Vrba bei der israelischen Botschaft in London (Rudolf Vrba, Alan Bestic, *Ich kann nicht vergeben.* [Aus dem Englischen von Werner von Grünau], München: Rütten und Loening Verlag, 1964, S. 310–313) und Primo Levis 1960 gemachte Aussage zum Eichmann-Prozess (Primo Levi, *So war Auschwitz. Zeugnisse 1945–1986.* Mit Leonardo De Benedetti. Hrsg. von Domenico Scarpa und Fabio Levi. Aus dem Italienischen von Barbara Kleiner, München: Carl Hanser Verlag, 2017, S. 90–93). Vrba und Levi wurden nicht geladen.

174 Yablonka, *The State of Israel,* S. 81.

175 Siehe zu Hausners Anklagestrategie Bilsky, *Transformative Justice,* S. 85–115.

176 Arendt an Scholem (14.9.1963), in: Arendt/Scholem, S. 459.

177 Tom Segev schreibt: »In seinen Memoiren erscheint Hausner wie der Impresario einer national-historischen Theateraufführung. Schuld und Strafe zuzuweisen sei nicht sein einziges Ziel gewesen, [...] wichtig erschien ihm vor allem der Lerneffekt. Jeder Prozeß müsse Aufmerksamkeit erregen, ein Geschehen vorführen und eine Lektion erteilen.« (Segev, *Die siebte Million,* S. 447)

178 Arendt an Blücher (6.5.1961), in: Arendt/Blücher, S. 530. Siehe auch ebd., S. 534.

179 Mulisch schreibt von der »pädagogischen Aufmachung« (Mulisch, *Strafsache 41/61,* S. 69) des Prozesses. Zertal meint

zu den Hintergründen: »Ben Gurion, der fast im Alleingang, ohne Kenntnis seiner Kollegen in der Regierung, Eichmanns Festnahme angeordnet und die Planung und Durchführung der Festnahme und Entführung maßgeblich unterstützt hatte, der in Personalunion, Realisator und Kontrolleur der Prozessvorbereitungen und danach des eigentlichen Verfahrens war, fungierte zugleich auch als treibende Kraft und lenkende Hand bei der Erzeugung einer neuen israelischen Rezeption des Holocaust aus einer Perspektive der Stärke.« (Zertal, *Nation und Tod*, S. 157 f.)

180 Siehe zum Beispiel Segev, *Die siebte Million* und Zertal, *Nation und Tod.* Omri Boehm zitiert aus einem Zeitungsartikel, Ben Gurion zufolge interessiere im bevorstehenden Verfahren der Angeklagte nicht, allein das Spektakel zähle (Boehm, *Israel – eine Utopie,* S. 82). Avraham Burg schreibt von »Ben Gurions Rolle als Produzent und Regisseur, der über die politischen Aspekte des Prozesses« entschieden habe (Avraham Burg, *Hitler besiegen. Warum Israel sich endlich vom Holocaust lösen muss.* Aus dem Englischen von Ulrike Bischoff, Frankfurt am Main/New York: Campus Verlag, 2009, S. 140).

181 Segev, *Die siebte Million,* S. 449.

182 David Ben Gurion, »The Eichmann Case as Seen by Ben-Gurion«, in: *The New York Times Magazine,* 18.12.1960, S. 7.

183 Ebd., S. 62.

184 Hanna Yablonka schreibt, »over four hundred hours of material are stored to this day in the Kol Israel Archives« (Yablonka, *The State of Israel*, S. 61).

185 Ebd., S. 56.

186 Siehe den Spielfilm The Eichmann Show (British BBC TV 2015, Produzent: Laurence Bowen/Ken Marshall, Regie: Paul Andrew; dt.: Der Fall Eichmann) und The Eichmann Show. Documentary (BBC 2015, Produzent und Regie: David Barrie.

187 Der Norddeutsche Rundfunk sendete 36 Berichte (meist 20 bis 30 Minuten lang): Eine Epoche vor Gericht. Sonderberichte des Deutschen Fernsehens vom Eichmann-Prozess in Jerusalem. Sonderberichterstatter: Dr. Joachim Besser, Peter Schier-Gribowsky. Siehe hierzu *Eichmann im Kalten Krieg. Die deutsch-deutsche Berichterstattung über den Eichmann-Prozess.* Hrsg. von Judith Keilbach und Irmgard Zündorf. DVD mit Booklet, Fridolfing: Verlag absolut Medien, 2021 und Judith Keilbach, »Eine Epoche vor Gericht. Der Eichmann-Prozess und das bundesdeutsche Fernsehen«, in: Judith Keilbach, Béla Rásky, Jana Starek (Hrsg.), *Völkermord*

zur Prime-Time. Der Holocaust im Fernsehen, Wien, Hamburg: New Academic Press 2019, S. 265–283.

188 Selbst Heinrich Blücher hatte ein gewisses Verständnis für den Verlauf des Prozesses, wenn er am 14.5.1961 an seine Gattin schrieb: »Aber der Prozeß ist doch eine geschichtliche Bestandsaufnahme ersten Ranges. Sentimentalität und Theater sind wohl angesichts des Furchtbaren von den meisten dieser Menschen kaum zu vermeiden. Aber über allem wird doch das Gorgonenhaupt dieser ungeheuerlichsten aller gegenmenschlichen Wahrheiten sichtbar.« (Arendt/Blücher, S. 536)

189 Abba Kovner erwähnte Arendt bereits in ihrem Aufbau-Artikel »Die jüdischen Partisanen im europäischen Aufstand« vom 8.9.1944 (in Arendt, *Vor Antisemitismus,* S. 163).

190 Siehe hierzu Wieviorka, »Die Entstehung des Zeugen«, S. 136–159 und dies., *The Era of the Witness*, translated from the French by Jared Stark, Ithaca, London: Cornell University Press, 2006 sowie Yablonka, »Die Bedeutung der Zeugenaussagen«, S. 191: »Die Eichmann-Prozess löste in Israel eine tiefe Ergriffenheit und damit eine Wende aus, da die israelisch-jüdische Gesellschaft von nun an begann, das Ausmaß der nationalsozialistischen Katastrophe des Holocaust zu verinnerlichen. Dies ging einher mit tiefer Trauer, mit Betroffenheit, mit der warmen Aufnahme der Überlebenden und einer gewissen Selbstbezogenheit auf die nationale Tragödie.«

191 *Schuldig. Das Urteil gegen Adolf Eichmann.* Hrsg. von Avner W. Less. Mit einem Nachwort von Jochen von Lang, Frankfurt am Main: Athenäum Verlag, 1987, S. 5.

192 Hannah Arendt, »Persönliche Verantwortung in der Diktatur«, in: Hannah Arendt, *Israel, Palästina und der Antisemitismus. Aufsätze.* Hrsg. von Eike Geisel und Klaus Bittermann. Aus dem Amerikanischen von Eike Geisel, Berlin: Klaus Wagenbach Verlag, 1991, S. 24.

193 Selbst Lozowick meint, Eichmann sei nicht der »allmächtige Drahtzieher der Endlösung« gewesen (Lozowick, *Hitlers Bürokraten,* S. 249). In seiner Studie setzt er sich unentwegt mit Arendt, nicht aber mit den verfehlten Auffassungen der Anklagevertretung auseinander. Entgegen den Ergebnissen der Zeitgeschichtsforschung sind Juristen bis heute geneigt, der von Hausner praktizierten Überhöhung Eichmanns zu folgen. Siehe Eli M. Rosenbaums Kritik an der Eichmann-Darstellung von David Cesarani (E. M. Rosenbaum, »The Eichmann Case and the Distortion of History«, in: *Loyola of Los Angeles International and Comparative Law Review,* Vol. 34, No. 3, 2012, S. 398.

194 In einem im November 1961 gehaltenen Vortrag meinte Erwin Schüle: »Nach meiner Kenntnis der Dinge war Eichmann in Wirklichkeit nicht der ›Großinquisitor der Endlösung‹, vor dem sogar ›Himmler zitterte‹, wie ihn die Strafverfolgungsbehörde gesehen hat.« (Schüle, »Die strafrechtliche Aufarbeitung des Verhaltens«, S. 73) Nicht unbegründet ridikülisiert Robert Servatius in seinem Schlussvortrag vom 14.8.1961 die Darstellung der Anklage: »Nicht Göring und die großen Paladine waren die Schuldigen; alle wiesen auf Adolf Eichmann hin. Der ›Judenhelfer‹ Himmler brauchte sich nicht das Leben zu nehmen, und Bormann kann aus seinem Versteck herauskommen. Es ist alles geklärt! Der große Schuldige ist gefunden!« (*Verteidigung Adolf Eichmann,* S. 35) (Von Martin Bormann nahm man in den 1960er Jahren an, er lebe noch.)

195 Siehe hierzu Arnsberg, »Hannah Arendt stellt die Frage«, S. 58 und Podhoretz, »Hannah Arendt on Eichmann«, S. 206.

196 Siehe auch Arendt an Jaspers ([Juli/August 1962]), in: Arendt/ Jaspers, S. 515, wo es heißt: »Ja, Adenauer und überhaupt Deutschland, wo sie ja jetzt nach dem Eichmannprozeß doch langsam dran gehen, die schlimmsten Leute zu beseitigen. Ein böses Zeichen sind die unglaublich milden Urteile der Gerichte. Ich glaube für 6500 vergaste Juden bekommt man 3 Jahre 6 Monate, oder so ähnlich. Das haben wir ja alles schon erlebt – als die Fememörder nicht bestraft wurden. Diese sogenannte Republik ist wirklich ›wie gehabt‹.«

197 Siehe hierzu M[arion] Mushkat, »Reactions to the Eichmann Trail«, in: *Yad Vashem Bulletin,* No. 13, October 1963, S. 53.

198 Siehe hierzu Birn, »Ein deutscher Staatsanwalt in Jerusalem«.

199 Auch Tom Segev meint unrichtig, »im Gefolge des Eichmann-Prozesses wurde [Hermann] Krumey in Deutschland vor Gericht gestellt.« (Segev, *Die siebte Million,* S. 392) Siehe zu dem Verfahren, das in drei Prozessen gegen die Eichmann-Mitarbeiter Hermann Krumey und Otto Hunsche endete, Werner Renz, »Einführung zu den Krumey-Hunsche-Prozessen 1962, 1964/65, 1968/69«, in: Katharina Rauschenberger, Werner Renz (Hrsg.), *Henry Ormond – Anwalt der Opfer. Plädoyers in NS-Prozessen.* Unter Mitarbeit von Steven Schindler, Frankfurt am Main, New York: Campus Verlag, 2015, S. 137–149.

200 Siehe Renz, »Anmerkungen zur Entführung Adolf Eichmanns«.

201 Hannah Arendt, *Eichmann in Jerusalem. Ein Bericht von der Banalität des Bösen.* Mit einem einleitenden Essay und

einem Nachwort zur aktuellen Ausgabe von Hans Mommsen, München: Piper Verlag, 2011, S. 427 f.

2. Der Angeklagte und seine Rolle im Vernichtungsprozess

202 Arendt an McCarthy (3.10.1963), in: Arendt/McCarthy, S. 240.

203 Arendt, »Über den Zusammenhang von Denken und Moral« von 1971 (Arendt, *Zwischen Vergangenheit und Zukunft*, S. 128). Siehe auch Arendt, *The Life of the Mind, Vol. One,* S. 4.

204 Arendt, *Denktagebuch. Zweiter Band,* S. 767 f. [Eintrag von Februar 1970]. Im März 1968 notiert sie: »Die Urteilskraft ist das politische Vermögen par excellence, weil sie es immer mit Partikularem zu tun hat – allerdings nach Kant im Hinblick auf ein vorgegebenes Allgemeines – Regel oder Begriff.« (ebd., S. 679)

205 Heinrich Böll, »Befehl und Verantwortung. Gedanken zum Eichmann-Prozeß« [1961], in: ders., *Aufsätze, Kritiken, Reden,* Köln, Berlin: Kiepenheuer & Witsch, 1967, S. 113 (der Band enthält keine Erstdrucknachweise).

206 *Der Kastner-Bericht über Eichmanns Menschenhandel in Ungarn.* Mit einem Vorwort von Professor Dr. Carlo Schmid [Redaktion und Nachwort: Ernest Landau], München: Kindler Verlag, 1961, S. 9.

207 Eine Epoche vor Gericht. Folge 1, ausgestrahlt vom Deutschen Fernsehen am 18.4.1961.

208 Bernd Nellessen, *Der Prozess von Jerusalem. Ein Dokument,* Düsseldorf, Wien: Econ Verlag, 1964, S. 8.

209 Susan Neiman meint zurecht: »Als Arendt von der Banalität des Bösen sprach, wollte sie damit einfach sagen, daß es nicht dämonisch sein muß.« (Susan Neiman, *Das Böse denken. Eine andere Geschichte der Philosophie.* Übersetzt [aus dem Amerikanischen] von Christiana Goldmann, Frankfurt am Main: Suhrkamp Verlag, 2004, S. 15)

210 Im Interview mit Roger Errera (Oktober 1973) meinte Arendt: »[...] eine meiner Hauptabsichten« in *Eichmann in Jerusalem* war, »die Legende von der Größe des Bösen, von dessen dämonischer Macht zu zerstören, den Leuten die Bewunderung, die sie für die großen Bösewichte [...] hegten, zu nehmen« (Arendt, *Ich will verstehen,* S. 129).

211 Arendt/Fest, S. 41.

212 Im Denktagebuch notierte Arendt 1963/64: »Ad Böses: a) nicht dämonisch – das Böse schafft nicht das Gute; b) nicht Resultat des bösen Willens, weil es den radikal bösen Willen, der das Böse um des Bösen willen will, vermutlich nicht gibt

– es gibt nur den selbstischen Willen; c) das Unheil kommt aus der Verflachung – zum Unheil gehört, dass es organisiert und d.h. dass die Vielen involviert sind.« (Arendt, *Denktagebuch. Zweiter Band,* S. 622 f.)

213 Arendt an Scholem (14.9.1963), in: Arendt/Scholem, S. 459.

214 Stangneth spricht wiederholt von einer »Theorie von der Banalität des Bösen« bei Arendt (Bettina Stangneth, *Böses Denken,* Reinbek bei Hamburg: Rowohlt Verlag, 2016, S. 98 und passim).

215 Siehe zum Personal des von Reinhard Heydrich und später von Ernst Kaltenbrunner geleiteten Reichssicherheitshauptamtes Michael Wildt *Generation des Unbedingten. Das Führungskorps des Reichssicherheitshauptamtes,* Hamburg: Hamburger Edition, 2002.

216 Während des Krieges neigte Arendt selbst noch zu hergebrachter Dämonisierung mit Blick auf Adolf Hitler. 1942 schrieb sie: »So, wie das Schicksal der Juden heute zum Symbol dessen geworden ist, wie die Herrschaft des Teufels auf Erden aussieht, so ist das Maß, in welchem Vertreter anderer Völker bereit sind, Schulter an Schulter mit uns Juden ihren und unseren und der Menschheit Kampf zu kämpfen, der genaue Gradmesser für die Gerechtigkeit ihres Krieges.« (Hannah Arendt, »Ein Mittel zur Versöhnung der Völker«, in: Arendt, *Wir Juden,* S. 174) Siehe auch zwei Kolumnen im *Aufbau* (Arendt, *Vor Antisemitismus,* S. 66, 97).

217 Arendt, *The Life of the Mind, Vol. One,* S. 3.

218 Ebd.

219 Arendt, *Denktagebuch. Zweiter Band,* S. 740 [Eintrag von September 1969].

220 *The Trial of Adolf Eichmann,* Vol. VII, Bl. 157 (31.5.1960) und Vol. VIII, Bl. 3296 (15.11.1960).

221 Ebd., Vol. VIII, S. 3276 (11.11.1960).

222 Siehe Christopher R. Browning, *Ganz normale Männer. Das Reserve-Polizeibataillon 101 und die »Endlösung« in Polen.* Deutsch von Jürgen Peter Krause, Reinbek bei Hamburg: Rowohlt Verlag, 1993.

223 Siehe Arendt an McCarthy (3.10.1963), in: Arendt/McCarthy, S. 240.

224 Arendt, »Persönliche Verantwortung in der Diktatur«, S. 22. Am 3.10.1963 schrieb Arendt an McCarthy: »Der Kernpunkt bei dem Ganzen war, daß es unsere Aufgabe war, ein menschliches Wesen zu betrachten (nicht den ›Eichmann in uns‹, Gott bewahre), und dieses als menschlich zu betrachten sollte nicht heißen: There for the Grace of God ... Wie man

aber ohne dies über einen Prozeß berichten oder sich überhaupt je dafür interessieren kann, ist mir unbegreiflich.« (Arendt/McCarthy, S. 250) Siehe auch Arendt/Fest, S. 54.

225 Arendt, *The Life of the Mind, Vol. One*, S. 23.

226 Wildt, *Generation des Unbedingten*, S. 637.

227 *Kommandant in Auschwitz. Autobiographische Aufzeichnungen von Rudolf Höß.* Eingeleitet und kommentiert von Martin Broszat, Stuttgart: Deutsche Verlags-Anstalt, 1958, S. 153–167.

228 Siehe Immanuel Kant, *Die Religion innerhalb der Grenzen der bloßen Vernunft*, in: Immanuel Kant, *Werke in zehn Bänden*, Hrsg. von Wilhelm Weischedel, Darmstadt: Wissenschaftliche Buchgesellschaft, 1968, Bd. 7, S. 686 ff.

229 Siehe Arendt, *Elemente und Ursprünge*, S. 722. An McCarthy schrieb sie am 20.9.1963: »[...] die Wendung ›Banalität des Bösen‹ als solche steht im Gegensatz zu der vom ›radikal Bösen‹, die ich im Totalitarismus-Buch benutze« (Arendt/McCarthy, S. 234).

230 Arendt an Scholem (20.7.1963), in: Arendt/Scholem, S. 444.

231 Arendt an Scholem (14.9.1963), ebd., S. 458.

232 Arendt, *Über das Böse*, S. 150.

233 Arendt, *Denktagebuch. Zweiter Band*, S. 644 [Eintrag von Januar 1966].

234 Arendt an Scholem (20.7.1963), in: Arendt/Scholem, S. 444.

235 Ebd.

236 In ihrer »Vorrede« zur deutschen Ausgabe schreibt Arendt: »Was wir in diesen Prozessen fordern, ist, daß Menschen auch dann noch Recht von Unrecht zu unterscheiden fähig sind, wenn sie wirklich auf nichts anderes mehr zurückgreifen können als auf das eigene Urteil, das zudem unter solchen Umständen in schreiendem Gegensatz zu dem steht, was sie für die einhellige Meinung ihrer gesamten Umgebung halten müssen.« (EJ, S. 22 f.)

237 Eine Epoche vor Gericht, Folge 22, Sendung vom 22.7.1961.

238 Ebd.

239 Jaspers spricht in einem Radiointerview (1965) von Eichmanns »Gewissensumdrehung«, die Arendt festgestellt habe (Jaspers, *Provokationen*, S. 114).

240 *Schuldig*, S. 307. Im Gegensatz zu Arendt meinte das Gericht jedoch: »Er war, tatsächlich, nie lau in seinen Befehlen und auch nicht in seinen Taten. Er war tatkräftig, erfindungsreich und extrem in seiner Aktivität zur Durchführung der Endlösung.« (ebd., S. 314) Und: »Solch ein Maß von Bösartigkeit kann nur ein Mensch erreichen, der sein

verbrecherisches Handwerk mit ganzem Herzen und ganzer Seele betreibt.« (ebd., S. 316)

241 *Götzen. Die Autobiografie von Adolf Eichmann.* Hrsg. und kommentiert von Raphael Ben Nescher, Berlin: Metropol Verlag, 2016, S. 432.

242 Ebd., S. 200.

243 Arendt, »Persönliche Verantwortung in der Diktatur«, S. 32.

244 Arendt, *Über das Böse,* S. 101.

245 Arendt, »Persönliche Verantwortung in der Diktatur«, S. 22; ebenso in: Arendt, *Ich will verstehen,* S. 100. Siehe auch Arendt, *Vita activa,* S. 41 und S. 45. In der Einleitung zu *The Life of the Mind* schreibt Arendt: »I was struck by a manifest shallowness in the doer that made it impossible to trace the uncontestable evil of his deeds to any deeper level of roots or motives.« (Arendt, *The Life of the Mind, Vol. One,* S. 4).

246 Siehe Less, *Lüge! Alles Lüge!.*

247 *Schuldig,* S. 310.

248 Siehe Irmtrud Wojak, *Eichmanns Memoiren. Ein kritischer Essay,* Frankfurt am Main, New York: Campus Verlag, 2001 und insbesondere Stangneth, *Eichmann vor Jerusalem.*

249 Michael Wildt, »Eichmann und der kategorische Imperativ, oder: Gibt es eine nationalsozialistische Moral?«, in: *Die Wannsee-Konferenz am 20. Januar 1942. Dokumente, Forschungsstand, Kontroversen,* hrsg. von Norbert Kampe und Peter Klein, Köln u.a.: Böhlau Verlag, 2013, S. 156.

250 Wildt, *Generation des Unbedingten,* S. 688.

251 Raphael Gross, *Anständig geblieben. Nationalsozialistische Moral,* Frankfurt am Main: S. Fischer Verlag, 2010, S. 197.

252 Arendt, »Persönliche Verantwortung in der Diktatur«, S. 26.

253 Ebd., S. 33.

254 Dieter Pohl, *Verfolgung und Massenmord in der NS-Zeit 1933–1945,* Darmstadt: Wissenschaftliche Buchgesellschaft, 2003, S. 29. Pohl schreibt: »Die Zahl der Täter lässt sich nur mehr ungefähr schätzen, da sich hier Probleme der Definition und der Rekonstruktion entgegenstellen. Bezeichnet man als Täter all diejenigen, die Verfolgung und Tötung vorbereiteten, organisierten, ausführten und unterstützten, so wird man sicher auf eine Größenordnung von einigen Hunderttausend Reichsdeutschen kommen, besonders in SS und Polizei, in den Besatzungs- und Innenverwaltungen, in Sicherungstruppen der Wehrmacht und bei der Waffen-SS.« (ebd., S. 155) Frank Bajohr bezieht sich auf Pohl und schreibt, man gehe »von rund 200000 bis 250000 deutschen und österreichischen Tätern des Holocaust aus« (Frank Bajohr,

»Täterforschung: Ertrag, Probleme und Perspektiven eines Forschungsansatzes«, in: ders., Andrea Löw (Hrsg.), *Der Holocaust. Ergebnisse und neue Fragen der Forschung,* Frankfurt am Main: Fischer Taschenbuch, 2015, S. 169; ebenso in der Einleitung von Bajohr/Löw, ebd., S. 12).

255 Neben den deutschen und österreichischen Tätern und Täterinnen gab es nicht wenige Beteiligte anderer Länder.

256 Wildt, *Generation des Unbedingten,* S. 16–17.

3. Die Judenräte und ihre Kooperation

257 Hannah Arendt, »Organisierte Schuld«, in: Arendt, *Sechs Essays,* S. 44. Der Aufsatz erschien zuerst (in Übersetzung) in der Zeitschrift *Jewish Frontiers* (Vol. 12, 1945, S. 19–23) und in *Die Wandlung* (Jg. 1, H. 4, April 1946, S. 333–344).

258 Arendt, *Sechs Essays,* S. 43 f.

259 Hannah Arendt, »Konzentrationsläger«, in: *Die Wandlung,* Jg. 3, H. 4, 1948, S. 324. Ebenso wortgleich in Arendt, *Elemente und Ursprünge,* S. 712 f. Arendt fügt im Buch hinzu: »Dabei ist noch nicht einmal entscheidend, daß der Haß von den eigentlichen Schuldigen abgelenkt wird (natürlich waren die Kapos mehr verhaßt als die SS), sondern daß der Unterschied zwischen Henkern und Opfern, zwischen schuldig und unschuldig vernichtet wird.« (ebd., S. 713)

260 Arendt, »The History of the Great Crime« [1952], S. 458 f. Kursivierung von Arendt. Die angesichts der bedrohlichen Situation im September 1933 von jüdischen Gemeinden und Organisationen gegründete *Reichsvertretung der Juden in Deutschland* wurde 1939 von den Nazis aufgelöst, viele ihrer Repräsentanten deportiert und ermordet. Die sodann im selben Jahr erzwungene Gründung der *Reichsvereinigung der Juden in Deutschland* unterlag der totalen Kontrolle der Nazi-Behörden.

261 Inwiefern Arendts Kritik an den Judenräten sich von Raul Hilbergs Darlegungen unterscheidet, macht Browning klar: »Arendt erklärte das Verhalten der Judenratsmitglieder als moralisches Versagen von Menschen, die von scheinbarer Macht korrumpiert und in eigennützigen Ambitionen gefangen sind. Für Hilberg jedoch waren die Männer des Judenrats Opfer ihrer eigenen Fehleinschätzung und nicht ihres fehlenden Gewissens.« (Christopher Browning, »Biographie eines Buches. Die drei Ausgaben von *The Destruction of the European Jews* (1961, 1985, 2003)«, in: *Raul Hilberg und die Holocaust-Historiographie,* hrsg. von René Schlott, Göttingen: Wallstein Verlag, 2019, S. 44. Zum Konflikt

Hilberg-Arendt siehe Corsten, »›Immer wieder wie ein Gespenst‹«, ebd., S. 115–129.

262 Arendt/Fest, S. 49 (Radiogespräch vom 19.9.1964, gesendet am 9.11.1964, Südwestdeutscher Rundfunk).

263 Arendt, »The Destruction of Six Million«, S. 494.

264 Ebd.

265 Siehe Zertal, *Nation und Tod*, S. 70.

266 Ladislaus Löb meint gar: »Als Hanna[h] Arendt die Behauptungen Tamirs und Halevis, von Eichmann selbst zu schweigen, nachbetete, drückte sie Ansichten aus, die von der Mehrheit der Israelis geteilt wurden.« (Ladislaus Löb, *Geschäfte mit dem Teufel. Die Tragödie des Judenretters Rezső Kasztner. Bericht eines Überlebenden*, Köln u.a.: Böhlau Verlag, 2010, S. 230)

267 Yehuda Bauer, *Jüdische Reaktionen auf den Holocaust*, Münster: Lit Verlag, 2012, S. 132.

268 Bilsky, *Transformative Justice*, S. 93.

269 Anita Shapira, »The Eichmann Trial: Changing Perspectives«, in: David Cesarani, *After Eichmann. Collective Memory and the Holocaust since 1961*, London, New York: Routledge, 2005, S. 24.

270 *The Trial of Adolf Eichmann*, Vol. I, S. 464 ff. Zu Wittenbergs Selbstopfer siehe Christoph Dieckmann, *Deutsche Besatzungspolitik in Litauen 1941–1945*, Göttingen: Wallstein Verlag, 2011, Bd. 2, S. 1212 ff.

271 *The Trial of Adolf Eichmann*, Vol. I, S. 405.

272 Ebd., S. 406.

273 Ebd., S. 419.

274 Die Überlebenden legten Wert auf die historische Wahrheit. So meinte Rivka Kuper über ihre widerständige Arbeit in Auschwitz: »I point this out because the role of the revolt in the story of the Holocaust is a relatively small one, but the effort that was made by those who rebelled was above anything imaginable.« (ebd., S. 433)

275 Ebd., S. 428.

276 Ebd., S. 478 und S. 480.

277 Ebd., S. 492.

278 Ebd., S. 426.

279 Ebd., S. 428.

280 Ebd., S. 506.

281 Arendt, »Wahrheit und Politik«, S. 49.

282 *The Trial of Adolf Eichmann*, Vol. IV, S. 1817.

283 Arendt an Jaspers (13.4.1961), in: Arendt/Jaspers, S. 471.

284 Richard J. Bernstein meint in seinem Buch *Denkerin der Stunde. Über Hannah Arendt.* Aus dem Englischen von Andreas Wirthensohn, Berlin: Suhrkamp Verlag, 2020, S. 69:

»Das ist eine der empörendsten und unverantwortlichsten Behauptungen in Arendts Bericht.«

285 *The Trial of Adolf Eichmann,* Vol. II, S. 759.

286 Siehe hierzu Aharon Weiss, »Jewish Leadership in Occupied Poland – Postures and Attitudes«, in: *Yad Vashem Studies,* Vol. XII, 1977, S. 362 f.

287 Alexander Donat, »Revisionist History of the Jewish Catastrophe. Two Examinations of Hannah Arendt«, in: *Judaism,* Vol. 12, No. 4, Fall 1963, S. 418 und Trunk, *Judenrat,* S. 436–450. Siehe auch die Aussage der Zeugin Frieda Masia zum Ghetto Sosnowitz (*The Trial of Adolf Eichmann,* Vol. I, S. 443).

288 Raul Hilberg, »Das jüdische Ghetto: ein Verwaltungsapparat. Eine Analyse von Isaiah Trunks ›Judenrat‹« [1980], in: ders., *Anatomie des Holocaust. Essays und Erinnerungen.* Hrsg. von Walter H. Pehle und René Schlott. Aus dem Englischen von Petra Post und Andrea von Struve, Frankfurt am Main: S. Fischer Verlag, 2016, S. 165.

289 Siehe zum Beispiel Nanda van der Zee, *»Um Schlimmeres zu verhindern ...«. Die Ermordung der niederländischen Juden: Kollaboration und Widerstand.* Aus dem Niederländischen von Bram Opstelten, München: Hanser Verlag, 1999, S. 111–163.

290 Lozowick, *Hitlers Bürokraten,* S. 188. Weiter heißt es in einer misslungenen Übersetzung: »Die Juden Amsterdams waren – geographisch – verwundbarer geworden, und die Nazis schufen sich ein jüdisches Organ das ihnen bei zur [sic] Verwirklichung ihrer Mission hilfreich sein sollte.« (ebd.)

291 *The Trial of Adolf Eichmann,* Vol. II, S. 619–620: »Later on the Germans imposed on this Council of Jews the task of doing everything they demanded of them, to submit lists of people whom they wanted to send to Westerbork and thence to Poland [...]«. Und: »The German commandant of the camp informed them how many people they had to send, and they were able to determine who they were, unless there were individual cases where the commandant himself was angry with someone, and then he told them that they had to make a change.«

292 Ahlrich Meyer, *Das Wissen um Auschwitz. Täter und Opfer der »Endlösung« in Westeuropa,* Paderborn: Ferdinand Schöningh Verlag, 2010, S. 113.

293 Siehe hierzu Albert H. Friedlander, *Leo Baeck, Leben und Lehre,* München: Chr. Kaiser Verlag, 1990, S. 59 f. und Leonard Baker, *Hirt der Verfolgten. Leo Baeck im Dritten Reich,* Stuttgart: Klett-Cotta Verlag, 1982, S. 415 f.

294 Zu Baeck siehe Avraham Barkai, »Im Schatten der Verfolgung und Vernichtung. Leo Baeck in den Jahren des NS-Regimes«, in: *Leo Baeck 1873–1956. Aus dem Stamme von Rabbinern.* Hrsg. von Georg Heuberger und Fritz Backhaus, Frankfurt am Main: Jüdischer Verlag im Suhrkamp Verlag, 2001, S. 77–102, hier: S. 97.

295 Leschnitzer, »So war Rabbiner Leo Baeck«, S. 18, rechtfertigt Baecks Handeln. Siehe zu Arendts Baeck-Darstellung kritisch auch Young-Bruehl, *Hannah Arendt,* S. 497–503. Auch Jacob Robinson sieht Baecks Haltung kritisch. Siehe seine Einleitung zu Trunk, *Judenrat,* S. XXXI. In *And the Crooked,* S. 173 enthält er sich eines Urteils.

296 Auch Eichmann gebraucht im Polizeiverhör die unzutreffende Bezeichnung »Grossrabbiner«. Siehe *The Trial of Adolf Eichmann,* Vol. VIII, Bl. 3459 (19.12.1960).

297 Hannah Arendt, *Eichmann in Jerusalem. A Report on the Banality of Evil,* New York: The Viking Press, 1963, S. 105.

298 Strauss, »The Thesis of Hanna[h] Arendt«, S. 14. Siehe auch Ernst Simon, »Hannah Arendt – eine Analyse«, in: *Nach dem Eichmann-Prozess,* S. 76.

299 In der 2. Auflage hat Arendt den Satz »who in the eyes of both Jews and Gentiles was the ›Jewish Führer‹« weggelassen (New York, 1965, S. 119). Auch in der deutschen Ausgabe kommt die Rede vom »jüdischen Führer« nicht vor. Siehe hierzu bereits Leschnitzer, »So war Rabbiner Leo Baeck«, S. 18. – Zu Hilbergs Sprachgebrauch »jewish leader« siehe Hilberg, *The Destruction of the European Jews,* S. 125 und S. 292, wo es heißt: »The Jewish ›Führer‹ in Berlin, as one of Eichmann's people called Rabbi Leo Baeck, was picked up in his home on January 27, 1943 [...]«. Siehe auch ders., *Die Vernichtung der europäischen Juden. Die Gesamtgeschichte des Holocaust,* Berlin: Olle & Wolter Verlag, 1982, S. 136 und S. 315.

300 Karl Marx an Klaus Piper (27.11.1963), LoC, HAP, AEF, 1938-1968, Correspondence-Organizations-Jewish-A-1960-1965.

301 Raul Hilberg, »Der Judenrat. Ein bewusstes oder unbewusstes ›Werkzeug‹?«, in: Hilberg, *Anatomie des Holocaust,* S. 194.

302 Siehe hierzu Trunk, *Judenrat,* S. 400–413.

303 *The Trial of Adolf Eichmann,* Vol. I, S. 451.

304 Siehe Yehuda Bauer, »Jewish Leadership Reactions to Nazi Policies«, in: *The Holocaust as Historical Experience. Essays and a Discussion.* Edited by Yehuda Bauer and Nathan Rotenstreich, New York, London: Holmes & Meier Publishers, 1981, S. 183–192 sowie die Diskussion »The *Judenrat* and the Jewish Response«, ebd., S. 223–271 und Doron Kiesel u.a. (Hrsg.), *»Wer zum Leben, wer zum Tod ...«. Strategien*

jüdischen Überlebens im Ghetto, Frankfurt am Main, New York: Campus Verlag, 1992.

305 Dan Diner, »Historisches Verstehen und Gegenrationalität. Der Judenrat als erkenntnistheoretische Warte«, in: *Zivilisation und Barbarei. Die widersprüchlichen Potentiale der Moderne.* Detlev Peukert zum Gedenken, hrsg. von Frank Bajohr, Werner Johe und Uwe Lohalm, Hamburg: Christians Verlag 1991, S. 312.

306 Dan Diner, »Die Perspektive des ›Judenrats‹. Zur universellen Bedeutung einer partikularen Erfahrung«, in: Kiesel u.a. (Hrsg.), *»Wer zum Leben«,* S. 18.

307 Trunk, *Judenrat,* S. 420 ff.

308 Es handelte sich um die von Abba Kovner (*Trial of Adolf Eichmann,* Vol. I, S. 461–463, Session 27, 4.5.1961) erzählte Geschichte des Wehrmachtsangehörigen Anton Schmid, der Juden unterstützt und gerettet hatte.

309 Die Filmaufnahmen während Lubetkins Aussage zeigen Arendt auf den Zuschauerrängen (Youtube, Eichmann Trial, Session 25, min: 19:29)

310 *The Trial of Adolf Eichmann,* Vol. I, S. 419, Session 25, 3.5.1961. – In ihrer Antwort auf die Fragen des Journalisten Samuel Grafton wiederholte Arendt Zuckermans Satz: »We don't want this kind of death, we want to die with honor.« (Arendt, »Answers to Questions«, S. 481) Siehe hierzu Anthony Grafton, »Arendt und Eichmann am Eßtisch«, in: *Hannah Arendt Revisited,* S. 68). Auch Seyla Benhabib und Richard J. Bernstein heben das Zitat hervor, ebd., S. 100 und S. 299.

311 Siehe Arendts Artikel im *Aufbau* vom 21.4.1944. Dort heißt es: »Konnten sie [die Widerstandskämpfer] schon nicht selbst gerettet werden, so wollten sie wenigstens, in ihren eigenen Worten, ›den Ruhm und die Ehre des jüdischen Volkes‹ retten. Damit liquidierten sie die Pariastellung des jüdischen Volkes in Europa und ordneten sich als Gleichberechtigte in den Freiheitskampf der europäischen Völker ein.« (Arendt, *Vor Antisemitismus,* S. 130)

312 Hannah Arendt, »*Der Judenstaat* – Fünfzig Jahre danach. Wohin hat die Politik Herzls geführt« [1946], in: Arendt, *Wir Juden,* S. 232.

313 Czerniaków erwähnt Arendt in ihrem Aufbau-Artikel »Die Tage der Wandlung« vom 28.7.1944 (Arendt, *Vor Antisemitismus,* S. 151). Neben Czerniaków haben auch andere Judenrat-Älteste den Freitod gewählt. Siehe Bauer, »Jewish Leadership Reactions«, S. 176.

314 Gegenüber Hitler und seinen Verbrechen gab es nach Arendt nur eine vertretbare Haltung: »Jene, die Widerstand

leisteten, konnte man in allen Lebensbereichen finden [...]. Sie sagten sehr wenig, und ihr Argument war immer dasselbe. [...] Sie sagten einfach: Ich kann nicht, ich will lieber sterben; denn das Leben wäre nicht mehr lebenswert gewesen, wenn ich das getan hätte.« (Arendt, *Über das Böse,* S. 153 f.)

315 Arendts normative Rede vom moralischen Zusammenbruch, ein Schlüsselbegriff ihres Denkens nach Auschwitz (EJ, S. 169), kommt häufig vor. Siehe z. B. Arendt, *Über das Böse,* S. 17, 51, 139 und im Interview mit Thilo Koch, geführt im Januar 1964 (Arendt, *Ich will verstehen,* S. 37).

316 Arendt, »Konzentrationsläger«, S. 318 ff., ebenso Arendt, *Elemente und Ursprünge,* S. 705 ff.

317 Yehuda Bauer, *Die dunkle Seite der Geschichte. Die Shoah in historischer Sicht. Interpretationen und Re-Interpretationen.* Aus dem Englischen von Christian Wiese, Frankfurt am Main: Jüdischer Verlag im Suhrkamp Verlag, 2001, S. 106.

318 Ebd., S. 108.

319 Arendt, *Über das Böse,* S. 35.

320 Ebd., S. 52.

321 Warum Arendt Scholems Verdikt über Benjamin Murmelstein zustimmte, ist unverständlich. Laut Scholem hätte der letzte Judenälteste von Theresienstadt es verdient gehabt, »von den Juden gehaengt zu werden« (Arendt/Scholem, S. 431). Zu Murmelstein siehe seine Antwort auf den Abdruck des Briefwechsels (Benjamin Murmelstein, »Das Ende von Theresienstadt. Stellungnahme eines Beteiligten«, in: *Neue Zürcher Zeitung,* Nr. 5231, 14.12.1963, Bl. 5) und Ronny Loewy, Katharina Rauschenberger (Hrsg.), *»Der Letzte der Ungerechten«. Der »Judenälteste« Benjamin Murmelstein in Filmen 1942–1975,* Frankfurt am Mai, New York: Campus Verlag, 2011.

322 Die Arendt-Kennerin und -Kritikerin Judith N. Shklar missversteht Arendt vollkommen, wenn sie darlegt, sie habe in ihrem Buch gefragt: »Warum [...] hatten die osteuropäischen Juden sich nicht wie homerische Helden verhalten? Warum hatten sie den Deutschen nicht mutiger Widerstand geleistet? [...] Warum hatten sie uns keinen heldenhafteren Mythos hinterlassen?« (Judith N. Shklar, *Über Hannah Arendt.* Hrsg. und mit einem Nachwort versehen von Hannes Bajohr. Aus dem Amerikanischen übersetzt von Hannes Bajohr und Tim Reiß, Berlin: Matthes & Seitz, 2020, S. 107)

323 Arendt an Scholem (20.7.1963), in: Arendt/Scholem, S. 442.

324 Ebd.

325 Ebd., S. 441.

326 Abba Kovner hatte die Formulierung im Dezember 1941 in einem Flugblatt erstmals gebraucht. Siehe seine Vernehmung (*The Trial of Adolf Eichmann,* Vol. I, S. 460) und seinen Diskussionsbeitrag (*The Holocaust as Historical Experience,* S. 252). Publikationen wie die von K. Schabbetai, *Wie Schafe zur Schlachtbank?* Aus dem Hebräischen von Emanuel Bin Gorion [Mit einem Vorwort von Gideon Hausner], Beit Dagon: Verlag »Keschew«, 1965 [hebr. Originalausgabe 1962] können deshalb schwerlich gegen Arendt verwandt werden.

327 1972 meinte Arendt: »Ich gehöre keiner Gruppe an. Die einzige Gruppe, zu der ich gehörte, waren, wie Sie wissen, die Zionisten. Das war aber natürlich nur wegen Hitler. Und es dauerte von 1933 bis 1943. Danach habe ich mit ihnen gebrochen.« (Arendt, *Ich will verstehen,* S. 107)

328 Novick, *Nach dem Holocaust,* S. 191.

329 Siehe hierzu kritisch Iris Därmann, *Undienlichkeit. Gewaltgeschichte und politische Philosophie,* Berlin: Matthes & Seitz, 2. Aufl., 2021, S. 291.

330 Arendt an Jaspers (20.7.1963), in: Arendt/Jaspers, S. 546.

331 Arendt an Beradt (20.7.1963), in: Arendt, *Wie ich einmal,* S. 398.

332 Siehe hierzu Randolph L. Braham, »The Role of the Jewish Council in Hungary: A Tentative Assessment«, in: *Yad Vashem Studies,* Vol. X, 1974, S. 69–109 und zu Ungarn umfassend Christan Gerlach/Götz Aly, *Das letzte Kapitel. Realpolitik, Ideologie und der Mord an den ungarischen Juden 1944/1945,* Stuttgart, München: Deutsche Verlags-Anstalt, 2002.

4. Die Prozessbeobachterin und ihr Ton

333 Arendt/Fest, S. 60.

334 Gaus, *Zur Person,* S. 27.

335 Ebd.

336 Arendt an McCarthy (31.5.1961): »Ich habe mich halbwegs von der Eichmann-Tortur, die nicht ohne reichlich makabren Humor war, erholt.« (Arendt/McCarthy, S. 195)

337 Arendt, *Über das Böse,* S. 150.

338 Scholem an Arendt (23.6.1963), in: Arendt/Scholem, S. 429. Arendts »Ton« hatte Scholem bereits in ihren zionismuskritischen Texten bemängelt (Scholem an Arendt (11.6.1946), ebd., S. 134).

339 Ebd., S. 430.

340 Ebd.

341 Arendt/Fest, S. 59 und Gaus, *Zur Person,* S. 26.

342 Manès Sperber, »Churban oder Die unfaßbare Gewißheit«, in: *Die Kontroverse,* S. 30.

343 William Phillips, [Brief an McCarthy], in: *Partisan Review,* Vol. XXXI, No. 2, 1964, S. 281.

344 Weltsch an Arendt (16.8.1963), LoC, HAP, AEF, 1938-1968, Correspondence-Misc.-German and French languages-P-Z-1963-1964.

345 Mann, »Hannah Arendt und der Eichmann-Prozeß«, S. 626.

346 Hanna Yablonka meint irrtümlich, Arendt sei noch anwesend gewesen (Hanna Yablonka, »Die Bedeutung der Zeugenaussagen im Prozess gegen Adolf Eichmann«, in: *Die Geburt des Zeitzeugen nach 1945,* hrsg. von Martin Sabrow und Norbert Frei, Göttingen: Wallstein Verlag, 2012, S. 178.

347 Ebd., S. 196. Zu Di-Nur siehe Segevs »Prolog. Ka-Zetniks Reise«, in: Segev, *Die siebte Million,* S. 10–22 und Yablonka, *The State of Israel,* S. 109–111.

348 *Schuldig,* S. 170.

349 Im Brief an Scholem vom 20.7.1963 heißt es: »Unter den Zeugen, die Herr Hausner vorführte, gab es keine Heiligen, es gab nur einen reinen Menschen, das war der alte Grynspan, über den ich ausführlich berichtete.« (in: Arendt/Scholem, S. 442) Siehe Gabriel Motzkins Interpretation von Arendts Darstellung der Aussage von Zyndel Grynszpan (ders., »Hannah Arendt: Von ethnischer Minderheit zu universeller Humanität«, in: *Hannah Arendt Revisited,* S. 189 f.)

350 Gänzlich abwegig ist folgende Kritik: »Die Doktorin der Universität Heidelberg befleißigte sich eines Stils, der ihr vielleicht von ihrem Auftraggeber, dem ›New Yorker‹ aufgezwungen war, aber an typisch new-yorkerisch-witzelnder Schnoddrigkeit, Gefühllosigkeit und Kälte nichts zu wünschen übrigließ.« (Robert Rie, »Literarisches Nachspiel zum Eichmann-Prozess«, in: *Die Kontroverse,* S. 33)

351 Arendt an Weltsch (29.8.1963), LoC, HAP, AEF, 1938-1968, Correspondence-Misc.-German and French languages-P-Z-1963-1964.

352 In ihrer Rede aus Anlass der Verleihung des Lessing-Preises sagte Arendt 1960: »Ich darf in diesem Zusammenhang nicht verschweigen, daß ich lange Jahre hindurch auf die Frage: Wer bist Du? die Antwort: Ein Jude, für die einzig adäquate gehalten habe, nämlich für die einzige, die der Realität des Verfolgtseins Rechnung trug.« (Hannah Arendt, *Von der Menschlichkeit in finsteren Zeiten. Rede über Lessing,* München: R. Piper Verlag, 1960, S. 29) Siehe auch ihre Ausführungen im Interview mit Roger Errera (Arendt, *Ich will verstehen,* S. 126 f.).

353 Feitelson an Arendt (17.6.1963), in: Arendt, *Wie ich einmal,* S. 489. Von Arendts »jüdische[m] Selbsthaß« schreibt zum

Beispiel Eva Michaelis-Stern, »›Tragt ihn stolz, den gelben Stern‹«, in: *Das neue Israel,* Jg. 16, H. 3, 1963, S. 152.

354 Zum Vorwurf des Selbsthasses siehe auch Arendt, *Denktagebuch. Zweiter Band,* S. 619 [Eintrag von 1963/64].

355 Arendt an Scholem (20.7.1963), in: Arendt/Scholem, S. 439.

356 Ebd.

357 Ebd., S. 440. Siehe hierzu Mosès, »Das Recht zu urteilen«, S. 88 ff.

358 Meier Teich, »Ein Diskussionsbeitrag zu Hannah Arendts ›Eichmann in Jerusalem‹«, in: *Das Neue Israel. Zeitschrift für Politik, Kultur und Wirtschaft zur Förderung der gegenseitigen Beziehungen zwischen der Schweiz und Israel,* Jg. 16, H. 3, September 1963, S. 156.

359 Arendt an Scholem (20.7.1963), in: Arendt/Scholem, S. 442. »Und um nichts zu tun, brauchte man kein Heiliger zu sein, sondern man brauchte nur zu sagen: ich bin ein poscheter [einfacher, so Arendt im Abdruck des Briefes in der *Neuen Zürcher Zeitung;* W.R.] Jude und ich will mehr nicht sein.« (ebd., S. 441)

360 Ebd., S. 441. Scholem missverstand Arendts Rede vom Nicht-Mitmachen (ebd., S. 451), weshalb sie nochmals erläuterte: »Was ich von ›non participation‹ sage, gilt nicht für Millionen, wie Sie missverstanden haben, sondern für einzelne Mitglieder der Judenräte. Ich möchte nochmals den Unterschied betonen in der Beurteilung der Judenräte auf der einen Seite und der Masse des jüdischen Volkes auf der anderen Seite.« (ebd., S. 458)

361 Ebd., S. 440.

362 Elon, »Hannah Arendts Exkommunizierung«, S. 24.

363 Saul Friedländer, *Erzählen, Erklären. Gespräche mit Stèphane Bou.* Aus dem Französischen von Nicolaus Bornhorn, Zürich: Kampa Verlag, 2016, S. 17.

364 Ebd., S. 151.

365 Ebd., S. 152.

Arendts Erfolg bei den Deutschen

1 Siehe hierzu René Schlott, »Ablehnung und Anerkennung. Raul Hilberg und das Institut für Zeitgeschichte«, in: *Vierteljahrshefte für Zeitgeschichte,* Jg. 69, H. 1, 2021, S. 85–119.

2 Siehe Regina Schmidt/Egon Becker, *Reaktionen auf politische Vorgänge. Drei Meinungsstudien aus der Bundesrepublik,* Frankfurt am Main: Europäische Verlagsanstalt, 1967, S. 107–141.

3 Peter Krause, *Der Eichmann-Prozeß in der deutschen Presse,* Frankfurt am Main, New York: Campus Verlag, 2002 und

Jürgen Wilke u.a., *Holocaust und NS-Prozesse. Die Presseberichterstattung in Israel und Deutschland zwischen Aneignung und Abwehr,* Köln u.a.: Böhlau Verlag, 1995.

4 Siehe *Eichmann im Kalten Krieg.* DVD-Edition.

5 Siehe zum Beispiel *Faschismus – Getto – Massenmord. Dokumentation über Ausrottung und Widerstand der Juden in Polen während des [Z]weiten Weltkrieges.* Hrsg. vom Jüdischen Historischen Institut, Warschau, Berlin: Rütten & Loening, 1960.

6 Robert M. W. Kempners Korrekturen wurden zum Beispiel nur zum Teil berücksichtigt. Im Text weiterhin »Übelhör« (EJ, S. 129), im Namenregister »Uebelhör«, Martin Luther vom Auswärtigen Amt ist weiterhin promoviert (EJ, S. 108, 190). Schreibungen wie »Poliakoff« (EJ, S. 192), auf S. 265 richtig »Poliakov«, hätte ein sorgfältiges Lektorat vermeiden können, ebenso »Hasten« (EJ, S. 208) statt »Haster«.

7 Friedrich Karl Fromme, »Die Banalität des Bösen«, in: *Frankfurter Allgemeine Zeitung,* 29.9.1964.

8 Arendt an Jaspers (13.12.1962), in: Arendt/Jaspers, S. 530.

9 Arendt an Meier-Cronemeyer (18.7.1963), LoC, HAP, AEF, 1938-1968, Correspondence-Misc.-German and French languages-L-N-1963-1966.

10 Arendt an Hertzberg (8.4.1966), LoC, HAP, AEF, 1938-1968, Correspondence-Organizations-Jewish-H-W and unidentified-1963-1966.

11 Siehe Browning, *Ganz normale Männer.*

12 Arendt an Jaspers (26.3.1966), Arendt/Jaspers, S. 668.

13 So May an Arendt (24.5.1963), LoC, HAP, AEF, Correspondence-Organizations-Jewish-H-W-1963-1966.

14 Ebd.

15 Dan Diner, »Hannah Arendt Reconsidered: Über das Banale und das Böse in ihrer Holocaust-Erzählung«, in: *Hannah Arendt Revisited,* S. 121.

16 Arendt, »Privilegierte Juden« [1946], in: Arendt, *Wir Juden,* S. 113.

Literaturverzeichnis

Verwendete Arendt-Literatur nach dem Erscheinungsjahr

Hannah Arendt: *Sechs Essays.* Heidelberg: [Verlag Lambert Schneider], 1948.

Hannah Arendt: *The Origins of Totalitarianism.* New York: Harcourt, Brace, 1951.

Hannah Arendt: *Elemente und Ursprünge totaler Herrschaft.* Frankfurt am Main: Europäische Verlagsanstalt, 1955.

Hannah Arendt: *Fragwürdige Traditionsbestände im politischen Denken der Gegenwart. Vier Essays.* Aus dem Englischen übertragen von Charlotte Beradt. Frankfurt am Main: Europäische Verlagsanstalt, o. J. [1957].

Hannah Arendt: *Von der Menschlichkeit in finsteren Zeiten. Rede über Lessing.* München: Piper Verlag, 1960.

Hannah Arendt: *Vita activa oder Vom tätigen Leben.* München: Piper Verlag, 1960.

Hannah Arendt: *Eichmann in Jerusalem. A Report on the Banality of Evil.* New York: The Viking Press, 1963.

Hannah Arendt: *Eichmann in Jerusalem. Ein Bericht von der Banalität des Bösen.* Aus dem Amerikanischen von Brigitte Granzow. München: Piper Verlag, 1964.

Hannah Arendt: *Macht und Gewalt.* München: Piper Verlag, 1970.

Hannah Arendt: *Benjamin, Brecht. Zwei Essays.* München: Piper Verlag, 1971.

Hannah Arendt: *Wahrheit und Lüge in der Politik. Zwei Essays.* München: Piper Verlag, 1972.

Hannah Arendt: *The Life of the Mind. Vol. One: Thinking.* New York and London: Harcourt Brace Jovanovich, 1977.

Hannah Arendt: *The Life of the Mind. Vol. Two: Willing.* New York and London: Harcourt Brace Jovanovich, 1977.

Hannah Arendt: *The Jew as Pariah: Jewish Identity and Politics in the Modern Age.* Edited and with an Introduction by Ron H. Feldman. New York: Grove Press, 1978.

Hannah Arendt: *Leben des Geistes. Band I. Das Denken.* [Aus dem Amerikanischen von Hermann Vetter]. München, Zürich: Piper Verlag, 1979.

Hannah Arendt: *Leben des Geistes. Band II. Das Wollen.* [Aus dem Amerikanischen von Hermann Vetter]. München, Zürich: Piper Verlag, 1979.

Hannah Arendt: *Das Urteilen. Texte zu Kants Politischer Philosophie.* Hrsg. und mit einem Essay von Ronald Beiner. Aus dem

Amerikanischen von Ursula Ludz. München, Zürich: Piper Verlag, 1985.

Hannah Arendt: *Zur Zeit. Politische Essays.* Hrsg. von Marie Luise Knott. Aus dem Amerikanischen von Eike Geisel. Berlin: Rotbuch Verlag, 1986.

Hannah Arendt: *Nach Auschwitz. Essays & Kommentare I.* Hrsg. von Eike Geisel und Klaus Bittermann. Aus dem Amerikanischen übersetzt von Eike Geisel. Berlin: Edition Tiamat, 1989.

Hannah Arendt: *Die Krise des Zionismus. Essays & Kommentare 2.* Hrsg. von Eike Geisel und Klaus Bittermann. Aus dem Amerikanischen übersetzt von Eike Geisel. Mit einem Nachwort von Henryk M. Broder. Berlin: Edition Tiamat, 1989.

Hannah Arendt: *Menschen in finsteren Zeiten.* Hrsg. von Ursula Ludz. München, Zürich: Piper Verlag, 1989.

Hannah Arendt: *Israel, Palästina und der Antisemitismus. Aufsätze.* Hrsg. von Eike Geisel und Klaus Bittermann. Aus dem Amerikanischen von Eike Geisel. Berlin: Klaus Wagenbach Verlag, 1991.

Hannah Arendt: *Besuch in Deutschland.* Aus dem Amerikanischen von Eike Geisel. Mit einem Vorwort von Henryk M. Broder und einem Portrait von Inge Nordmann. Berlin: Rotbuch Verlag, 1993.

Hannah Arendt: *Was ist Politik? Fragmente aus dem Nachlaß.* Hrsg. von Ursula Ludz. Vorwort von Kurt Sontheimer. München, Zürich: Piper Verlag, 1993.

Hannah Arendt: *Essays in Understanding, 1930–1954. Formation, Exile and Totalitarianism.* Edited an with an Introduction by Jerome Kohn. New York: Schocken Books, 1994.

Hannah Arendt: *Zwischen Vergangenheit und Zukunft. Übungen im politischen Denken I.* Hrsg. von Ursula Ludz. München, Zürich: Piper Verlag, 1994.

Hannah Arendt: *Ich will verstehen. Selbstauskünfte zu Leben und Werk.* Mit einer vollständigen Bibliographie. Hrsg. von Ursula Ludz. München, Zürich: Piper Verlag, 1996.

Hannah Arendt: *Vor Antisemitismus ist man nur noch auf dem Monde sicher. Beiträge für die deutsch-jüdische Emigrantenzeitung »Aufbau« 1941–1945.* Hrsg. von Marie Luise Knott. München, Zürich: Piper Verlag, 2000.

Hannah Arendt: *In der Gegenwart. Übungen im politischen Denken II.* Hrsg. von Ursula Ludz. München, Zürich: Piper Verlag, 2002.

Hannah Arendt: *Denktagebuch. 1950 bis 1973. Erster Band.* Hrsg. von Ursula Ludz und Ingeborg Nordmann. München, Zürich: Piper Verlag, 2002.

Hannah Arendt: *Denktagebuch. 1950 bis 1973. Zweiter Band.* Hrsg. von Ursula Ludz und Ingeborg Nordmann. München, Zürich: Piper Verlag, 2002.

Hannah Arendt: *Über das Böse. Eine Vorlesung zu Fragen der Ethik.* Aus dem Nachlaß herausgegeben von Jerome Kohn, übersetzt aus dem Englischen von Ursula Ludz, mit einem Nachwort von Franziska Augstein. München, Zürich: Piper Verlag, 2006.

Hannah Arendt, *The Jewish Writings.* Edited by Jerome Kohn und Ron H. Feldman. New York: Schocken Books, 2007.

Hannah Arendt/Joachim Fest: *Eichmann war von empörender Dummheit. Gespräche und Briefe.* Hrsg. von Ursula Ludz und Thomas Wild. München, Zürich: Piper Verlag, 2011.

Hannah Arendt, *The Last Interviews and other Conversations.* New York: Melville House Publishing, 2013.

Hannah Arendt/Eric Voegelin: *Disput über den Totalitarismus.* Texte und Briefe. Hrsg. vom Hannah-Arendt-Institut in Zusammenarbeit mit dem Voegelin-Zentrum für Politik, Kultur und Religion der LMU München. Mit einer Einleitung von Ursula Ludz und Kommentaren von Ingeborg Nordmann und Michael Henkel. Göttingen: V&R unipress, 2015.

Hannah Arendt: *Thinking without Banister. Essays in Understanding, 1953–1975.* Edited and with an Introduction by Jerome Kohn. New York: Schocken Books, 2018.

Hannah Arendt: *Wir Juden. Schriften 1932 bis 1966.* Zusammengestellt und herausgegeben von Marie Luise Knott und Ursula Ludz. München: Piper Verlag, 2019.

Hannah Arendt: *Sechs Essays. Die verborgene Tradition.* Hrsg. von Barbara Hahn. Unter Mitarbeit von Barbara Breysach und Christian Pischel. Göttingen: Wallstein Verlag, 2019.

Briefwechsel

Hannah Arendt/Karl Jaspers: *Briefwechsel 1926–1969.* Hrsg. von Lotte Köhler und Hans Saner. München, Zürich: Piper Verlag, 1987.

Hannah Arendt/Mary McCarthy: *Im Vertrauen. Briefwechsel 1949–1975.* Hrsg. und mit einer Einführung von Carol Brightman. Aus dem Amerikanischen von Ursula Ludz und Hans Moll. München, Zürich: Piper Verlag, 1996.

Hannah Arendt/Heinrich Blücher: *Briefe 1936–1968.* Hrsg. und mit einer Einführung von Lotte Köhler. München, Zürich: Piper Verlag, 1996.

Hannah Arendt/Gershom Scholem: *Der Briefwechsel.* Hrsg. von Marie Luise Knott. Unter Mitarbeit von David Heredia. Berlin: Jüdischer Verlag im Suhrkamp Verlag, 2000.

Hannah Arendt: *Wie ich einmal ohne dich leben soll, mag ich mir nicht vorstellen. Briefwechsel mit den Freundinnen Charlotte Beradt, Rose Feitelson, Hilde Fränkel, Anne Weil und Helen Wolff.* Hrsg. von Ingeborg Nordmann und Ursula Ludz. München: Piper Verlag, 2017.

Hannah Arendt/Dolf Sternberger: *»Ich bin Dir halt ein bißchen zu revolutionär«. Briefwechsel 1946 bis 1975.* Hrsg. von Udo Bermbach. Berlin: Rowohlt Verlag, 2019.

Danksagung

Für die Unterstützung bei Recherchen und für die Bereitstellung von Materialen danke ich sehr herzlich Christine Harckensee-Roth (Forschungsstelle Hannah Arendt-Zentrum, Carl von Ossietzky Universität Oldenburg), den Mitarbeiter*innen der Universitätsbibliothek Frankfurt am Main, insbesondere Maike Strobel (Hebraica & Judaica-Sammlung), sowie Anne Stadler und Esther Feustel (Piper Verlag, München).

Axel Rütters gilt mein besonderer Dank. Er hatte die Idee, die Darstellung der Arendt-Kontroverse in die *ad Reihe* der Europäischen Verlagsanstalt aufzunehmen.

Personenregister

Reihe ad ◊◊◊

Alfons Söllner
ad Hannah Arendt
Elemente und Ursprünge
totaler Herrschaft
136 Seiten | Klappenbroschur
ISBN 978-3-86393-117-9
Auch als e-book (ePub) erhältlich:
ISBN 978-3-86393-575-7

Hannah Arendts „Elemente und Ursprünge totaler Herrschaft" ist heute aktueller denn je.

Horst Dreier
ad Hans Kelsen
Rechtspositivist und Demokrat
143 Seiten | Klappenbroschur
ISBN 978-3-86393-114-8
Auch als E-Book (ePub) erhältlich:
ISBN 978-3-86393-570-2

Hans Kelsen (1881–1973) gilt vielen als *der* Jurist des 20. Jahrhunderts.

Alexander v. Brünneck, Horst Dreier
& Michael Wildt
ad Ernst Fraenkel
Der Doppelstaat
112 Seiten | Klappenbroschur
ISBN 978-3-86393-113-1
Auch als e-book (ePub) erhältlich:
ISBN 978-3-86393-569-6

„Der Doppelstaat" Ernst Fraenkels (1898–1975) ist ein Standardwerk über Politik, Justiz und Recht im Nationalsozialismus.

www.europaeischeverlagsanstalt.de